Schwingen der Freude

Ein Weg zu inneren Frieden

Sri Chinmoy

The Golden Shore Verlag GmbH • Nürnberg

Titel der Originalausgabe: "The Wings of Joy"
© by Sri Chinmoy Centre, 1997

Vogelzeichnungen: Sri Chinmoy
Übersetzung: Vasanti Niemz, Pranjal Reinhard
Layout: Pragya Gerig
Coverdesign: Rüdiger Henning

4. Auflage 2012
© 2001 by "The Golden Shore GmbH, Nürnberg"
ISBN 978-3-89532-032-3

The Golden Shore Verlagsges.mbH
Austraße 74
D-90429 Nürnberg
www-goldenshore.de

Inhalt

Vorwort

Liebe Freunde, liebe Brüder und Schwestern,

ich bin ein Mann des Gebets und ein Schüler des Friedens. Ich bete zu meinem Vater im Himmel, dass Er all eure göttlichen Eigenschaften hervorbringen und in grenzenlosem Maße vermehren möge. Ich bete zu Gott, dass Er jedem von euch Seine Traumbotschaft gewähren möge: Frieden. Und ich bete ebenfalls darum, dass Er euch grenzenlose Freude schenken möge.

Ich bin davon überzeugt, dass Beten, Meditieren und selbstloses Dienen Frieden auf der Welt schaffen kann. Jeder Einzelne sollte versuchen, andere Menschen glücklich zu machen, denn nur durch Glücklichsein können wir Frieden erhalten. Wenn wir einem anderen Menschen liebevoll und aufrichtig Glücklichsein geben können, dann wird dieser Mensch nur Wohlwollen für uns empfinden. Glücklichsein schenkt uns Frieden und Frieden schenkt uns Glücklichsein. Beides ist untrennbar miteinander verbunden.

Unglücklicherweise hat unsere Welt jedoch das Antlitz des Friedens noch nicht gesehen und das Herz des Friedens noch nicht gefühlt. Warum? Weil wir versuchen Frieden allein mit der Kraft und dem Licht unseres Intellekts zu schaffen. Doch solange wir versuchen, Frieden mit den Fähigkeiten unseres Verstandes zu errichten, werden wir traurig scheitern. Wir werden erst Erfolg haben, wenn wir die Fähigkeiten unseres Herzens einsetzen.

Die Erfahrungen des Herzens stärken uns, erweitern unseren Horizont und lassen uns fühlen, dass wir alle eine Familie mit einer gemeinsamen Heimat sind. Jeder Mensch ist ein Pilger. Lasst uns auf unseren Schwingen der Freude und mit unseren ewig neuen Träumen in den Himmel der Liebe und des Versprechens emporsteigen. Mit unserer Liebe werden wir die Welt als Teil unserer selbst sehen und fühlen. Mit unserem Versprechen werden wir die Schönheit und Göttlichkeit aller menschlichen Wesen und aller Nationen vergrößern.

Mit größter Demut und Aufrichtigkeit bete ich seelenvoll zu unserem himmlischen Vater, dass Er uns mit einem neuen Jahrtausend von Träumen segnen möge, die das Bewusstsein der Menschheit erheben und jeden einzelnen Menschen in höchstem Maße vollkommen machen werden.

Wo immer du hingehst,
geh mit
Inspiration und innerem Streben.

Was immer du tust,
tue es
mit Liebe und Anteilnahme.

Wen immer du siehst,
sieh ihn
mit der Schönheit der Reinheit
und
der Herrlichkeit der Verantwortung.

Kapitel 1

In Freude leben

Wahre innere Freude ist selbst erschaffen.
Sie ist unabhängig von äußeren Umständen.
In dir und durch dich hindurch fließt ein Fluss,
der die Botschaft der Freude mit sich trägt.
Diese göttliche Freude ist der einzige Sinn des Lebens.

Wir alle sind Sucher und wir haben alle dasselbe Ziel: inneren Frieden, inneres Licht und innere Freude zu erlangen, untrennbar eins mit unserer Quelle zu werden und ein Leben voll echter Erfüllung zu führen.

In Freude zu leben bedeutet, ein inneres Leben zu führen – das Leben, das zur Selbstverwirklichung führt. Selbstverwirklichung ist Gottverwirklichung, denn Gott ist nichts anderes als die Göttlichkeit, die tief im Innern eines jeden von uns weilt und nur darauf wartet, entdeckt und enthüllt zu werden. Wir können Gott auch als den inneren Piloten, den inneren Führer oder als *Supreme* bezeichnen – den Höchsten oder das Höchste, die höchste Wirklichkeit. Welchen Begriff wir auch verwenden, wir meinen damit das Höchste in uns, das letztendliche Ziel unserer spirituellen Suche.

Nur wenn wir das innere Leben nähren, kann das äußere Leben von wirklicher Bedeutung sein. Wir geben unserem Körper dreimal täglich Nahrung. Doch tief in unserem Innern wohnt ein göttliches Kind: unsere Seele. Dieses Kind zu nähren finden wir keine Zeit. Die Seele ist der bewusste Vertreter

Gottes in uns. Solange dieses Seelenkind nicht erfüllt ist, können wir in unserem äußeren Leben niemals erfüllt sein.

Wie stellen wir die Verbindung zwischen dem inneren und dem äußeren Leben her? Wenn wir die göttliche Kunst der Meditation beherrschen, können wir diese beiden Welten leicht und bewusst vereinen. Wenn wir Meditation praktizieren, wird jeder Augenblick zu einer goldenen Gelegenheit, um Depression, Frustration, Ärger, Furcht und andere negative Eigenschaften abzuschütteln und um die göttlichen Eigenschaften der inneren Welt, wie Liebe, Frieden, Freude und Licht zum Vorschein zu bringen.

Ein spiritueller Mensch sollte ein normaler Mensch sein, mit einem gesunden Menschenverstand. Um Gott zu erlangen, muss ein spiritueller Mensch in seinen alltäglichen Handlungen auf göttliche Weise praktisch sein. Wenn wir göttlich praktisch sind, teilen wir unseren inneren Reichtum mit anderen. Wir fühlen die göttliche Motivation hinter jeder Handlung und teilen das Ergebnis mit anderen. Spiritualität verneint das äußere Leben nicht. Das äußere Leben sollte die Manifestation des göttlichen Lebens in unserem Innern sein.

Bewusstsein: der Lebensfunken

Bewusstsein ist der Lebensfunken, der jeden Menschen mit dem universellen Leben verbindet. Bewusstsein ist das Bindeglied zwischen Gott und dem Menschen, zwischen Himmel und Erde. Ohne Bewusstsein ist alles eine öde Wüste. Wenn wir einen dunklen Ort betreten, nehmen wir eine Taschenlampe mit, um unseren Weg zu finden. Wenn wir etwas über unser unerleuchtetes Leben erfahren möchten, müssen wir das Bewusstsein zu Hilfe nehmen.

Bewusstsein ist wie eine Leiter. Man kann die einzelnen Sprossen hinauf- und hinuntersteigen. Wenn du tief meditieren kannst, wird sich jede Bewusstseinsebene vor dir zeigen. Die erste Ebene ist der physische Körper. Die zweite Ebene ist die Lebensenergie, das *Vitale*. Das *Vitale* ist ein Ausdruck aus der indischen Philosophie. Es enthält emotionale, aggressive und dynamische Eigenschaften. Die dritte Ebene ist der Verstand. Eine Stufe höher befindet sich das spirituelle Herz. In diesem spirituellen Herzen fühlt man die Berührung der Seele. Die Seele ist der aus sich selbst erstrahlende Bote Gottes in uns. Sie kennt keine Geburt, kein Vergehen, keinen Tod. Sie ist ewig. Sie ist unsterblich. Sie kam unmittelbar von Gott, sie bleibt verbunden mit Gott und sie wird wieder zu Gott zurückkehren.

Bevor sie eine menschliche Inkarnation annimmt, erhält die Seele eine innere Botschaft über ihre göttliche Aufgabe auf der Erde. Sie ist sich ihrer Sendung vollkommen bewusst. Während unserer Lebenszeit jedoch verdecken die Aktivitäten unseres äußeren Verstandes zuweilen die göttliche Inspiration der Seele und ihre wahre Aufgabe. Dann kann die Sendung der Seele nicht hervortreten. Nur wenn wir mit dem Verstand, dem Herzen und der Seele streben, können wir den Sinn unseres Daseins hier auf der Erde erfahren.

Meine Seele ist verantwortlich
für meine leuchtenden Taten.
Mein Herz ist verantwortlich
für meine emporsteigenden Gefühle.
Mein Verstand ist verantwortlich
für meine verwandelnden Gedanken.
Meine Lebenskraft ist verantwortlich
für meine fließende Energie.
Mein Körper ist verantwortlich
für mein strebendes Leben.

Die tiefe innere Sehnsucht, unser innerer Schrei

Inneres Streben ist die tiefe innere Sehnsucht, der emporsteigende Schrei in unserem Herzen. Durch unseren inneren
Schrei können wir in das göttliche Bewusstsein eintreten. Dieser
Schrei ist kein Schrei nach Ruhm und Anerkennung. Es ist die
tiefe Sehnsucht nach unserem vollkommenen, bedingungslosen und rückhaltlosen Einssein mit Gott, dem inneren Führer
unseres Lebensschiffes.

Manche Menschen haben die Existenz dieses inneren Führers völlig vergessen. Andere wiederum wissen um seine Existenz, doch sie wollen keine Verbindung, keinen Kontakt mit
Ihm. Ein aufrichtiger Sucher jedoch fühlt die Notwendigkeit
ständiger Zwiesprache mit dem inneren Führer. Das Wissen
von Gottes Existenz in seinem Inneren befriedigt ihn nicht. Er
will vierundzwanzig Stunden am Tag in Gottes Bewusstsein
verweilen und mit Ihm in Verbindung sein.

Wir sollten Gott zu einer lebendigen Wirklichkeit in unserem Alltag machen. Wir sollten fühlen, dass Gottes Gegenwart von höchster Bedeutung ist. Wenn wir nicht täglich Nahrung zu uns nehmen, lassen wir unseren Körper hungern. Genauso sollten wir fühlen, dass wir unseren spirituellen Körper
hungern lassen, wenn wir nicht täglich beten und meditieren.
Wenn wir mit den Tränen unseres Herzens streben, werden
wir feststellen, dass Gott zu uns herabkommt. Es ist, wie wenn
zwei Menschen sich treffen, von denen der eine im ersten Stock
und der andere im dritten Stock war. Wir steigen in den zweiten Stock hinauf und Gott kommt zum zweiten Stock herab.
Dort treffen wir zusammen und erfüllen einander.

Die Treppe zum zweiten Stock wird durch die tiefe innere
Sehnsucht unseres Herzens geschaffen. Es ist der Schrei des
inneren Strebens, der nichts mit Angst oder Schmerzen zu tun
hat. Das Herz ruft und sehnt sich wie eine aufsteigende Flamme,

die sich stetig brennend nach oben erhebt. Gott kommt mit Seiner Gnade herab, wie ein zu Tal strömender Fluss. Wenn das Streben des Suchers und die Gnade Gottes zusammentreffen, erfahren wir die göttliche Erfüllung der Vereinigung mit Gott.

Nein, kein innerer Schrei
kann jemals
ungehört bleiben.

Der spirituelle Töpfer

Wenn wir das spirituelle Leben im wahren Sinn des Wortes annehmen, geben wir die Welt nicht auf und versuchen auch nicht, der Welt zu entfliehen. Wir nehmen die Welt an und versuchen, die Welt auf göttliche Weise zu erfüllen, auf die Weise, wie Gott es will. Ich bin nicht einverstanden mit denen, die behaupten, Gott sei nur im Himmel und nirgendwo anders. Gott ist im Himmel, doch Gott ist auch auf Erden. Der Schöpfer kann niemals von Seiner Schöpfung getrennt sein. Die Welt, in der wir leben, ist Seine Schöpfung. Er ist hier. Er weilt in allen Dingen.

Wir müssen die Welt annehmen wie sie ist. Wie können wir etwas verwandeln, wenn wir es nicht zuvor annehmen? Wie kann ein Töpfer ein Gefäß herstellen, ohne den Tonklumpen zu berühren? Dieser Tonklumpen ist die Welt. Wir müssen das Antlitz der Welt verwandeln, indem wir uns dem Göttlichen in der Menschheit hingeben.

Glaube nicht, dass du nur an dich selbst denkst und nicht an die übrige Menschheit, wenn du zu Gott betest oder auf Gott meditierst. Wenn du zum Fuße des Schöpfungsbaumes gehst, wirst du feststellen, dass Gott die Wurzel ist. Wenn du die Wurzel des Baumes gießt, wird der Schöpfungsbaum so wachsen, wie das göttliche Gesetz es will. Die Zuwendung, die du der Wurzel des Baumes – Gott – schenkst, wird alle Äste und Zweige nähren, die dann im Einklang mit Gottes Vollkommenheit leben werden.

Die Zweige des Gottes-Baumes

Gottverwirklichung bedeutet Selbstentdeckung im höchsten Sinne dieses Wortes. Man verwirklicht bewusst sein Einssein mit Gott. Solange der Sucher unverwirklicht ist, wird er fühlen, dass Gott jemand ist, der unendliche Macht besitzt, während er selbst, der Sucher, der ohnmächtigste Mensch auf Erden ist. Doch in dem Augenblick, in dem er Gott verwirklicht, erkennt er, dass er und Gott im inneren wie im äußeren Leben völlig eins sind. Gottverwirklichung bedeutet Identifikation mit seinem eigenen allerhöchsten *Selbst*.

Jeder muss Gott entsprechend seinem eigenen inneren Vermögen verwirklichen. Und jeder Mensch kann den Aspekt Gottes wählen, der ihn am meisten anspricht. Der eine mag Gottes persönlichen Aspekt bevorzugen – Gott als alles-überstrahlendes Wesen – während ein anderer vielleicht den unpersönlichen Aspekt Gottes vorzieht – Gott als unendliche Energie. Ein anderer wiederum wird nur zufrieden sein, wenn der Gott, den er verwirklicht, ein Gott jenseits seines Vorstellungsvermögens ist. Gott ist sowohl persönlich als auch unpersönlich. Gott wird zu jedem gemäß dessen eigener Wahl kommen, um den Betreffenden auf seine eigene Weise zu erfreuen.

Gott ist sowohl männlich als auch weiblich. In der westlichen Welt wird im allgemeinen das Wort ‚Vater‘ für Gott verwendet. Im Osten sprechen wir sehr oft von der Höchsten Göttin. Wenn ich mit westlichen Menschen zusammen bin, verwende ich jedoch den Ausdruck, der hier vertrauter ist, weil ich glaube, dass ich ihnen auf diese Weise leichter meine Erfahrungen mitteilen kann.

Für die Praxis der Spiritualität ist es unwesentlich, welcher Religion man angehört. Religion ist vergleichbar mit einem Haus. Du lebst in einem Haus und ich in einem anderen. Obwohl wir in verschiedenen Häusern wohnen, wollen wir beide dasselbe lernen: Gottverwirklichung. Daher gehen wir beide zur selben Schule, zu einer inneren Schule. Wenn wir zu Gott beten und auf Gott meditieren, besuchen wir diese innere Schule. Um zu dieser Schule zu gelangen, können wir denselben Weg benutzen oder auch nicht. Auf jeden Fall verlassen wir beide unsere jeweiligen Häuser, wenn wir zur Schule gehen.

Ein echter spiritueller Sucher wird den tiefsten Respekt und die höchste Verehrung für alle Religionen besitzen. Wir können *alle* Religionen schätzen und sie als unser eigen betrachten. Jede Religion ist wie ein Zweig des Gottesbaumes. Wie können wir den Wert der Zweige bestreiten, wenn wir den Baum als unser eigen betrachten? Jede Religion ist auf ihre eigene Weise richtig, vollkommen richtig, doch wenn wir nach der höchsten Wahrheit streben, dann wird die Liebe zu Gott zu unserer einzigen Religion.

Wahre Spiritualität verlangt nicht, eine Religion aufzugeben. Wenn du bei deiner eigenen Religion bleibst und zugleich das spirituelle Leben praktizierst, wirst du fähig sein, sehr schnell dem Ziel entgegenzulaufen. Deine eigene Religion wird dir stets Vertrauen in das geben, was du tust. Andererseits wirst du vielleicht die Notwendigkeit verspüren, über die Religion hinauszugehen. In jedem Fall besteht dein Ziel darin, Gott zu verwirklichen, der alle Religionen verkörpert und zur gleichen Zeit weit über sie hinausgeht.

Das Erwachen des Selbst bedeutet
das Erblühen Gottes
in mir und durch mich.

Der Anfang: Hier und Jetzt

Um mit Gott eins zu werden, musst du dich bewusst auf die spirituelle Reise begeben. ‚Hier und jetzt' ist der Leitspruch der Seele. Wenn du dich noch nicht auf den Weg gemacht hast, dann will deine Seele, dass du in diesem Augenblick deine spirituelle Reise beginnst. Wenn du an Gottes Existenz zweifelst, so macht das nichts. Zweifle soviel du willst. Letzten Endes wirst du müde werden, an Gott zu zweifeln. Wenn du die Existenz von innerem Frieden und innerer Seligkeit bezweifelst, zweifle so lange du willst. Selbst wenn du das innere Leben oder Gottes Wirklichkeit anzweifelst, ist es das Beste, deine innere Reise dennoch zu beginnen.

Wenn du neugierig bist zu erfahren, was Spiritualität bedeutet, dann kannst du Spiritualität mit deiner größten Neugierde annehmen. Finde heraus, ob sie nur etwas oberflächlich Faszinierendes oder vielleicht etwas Tiefes und Weites ist, dem du dein ganzes Leben widmen kannst. Du beginnst vielleicht mit Neugierde, doch bald wird aus deiner Neugierde echtes inneres Streben werden. Wenn du das spirituelle Leben beginnst, weil auch andere es getan haben, dann ist das ebenfalls in Ordnung. Wenn du siehst, dass jemandes Leben friedlich und glücklich wurde, nachdem er das spirituelle Leben begonnen hat, dann ist es kein Fehler, ihm zu folgen.

Ich möchte euch eine Lieblingsgeschichte des großen spirituellen Meisters Sri Ramakrishna erzählen. Eines Tages stahl sich ein Dieb gegen Mitternacht in einen Palast und belauschte zufällig ein Gespräch zwischen dem König und der Königin. Der

König sagte zur Königin: „Ich möchte, dass unsere jüngste Tochter einen heiligen Mann heiratet, damit sie Frieden findet. Alle unsere Töchter haben Könige und Generäle geheiratet, doch ihr Leben ist unglücklich. Heilige Männer führen ein sehr friedvolles Leben und wenn sie einen von ihnen heiratet, wird ihr Leben voller Frieden sein. Morgen in aller Frühe werde ich meine Minister zum Ufer des Ganges schicken, wo die heiligen Männer meditieren. Ich bin sicher, dass einer von ihnen einwilligen wird, meine Tochter zu heiraten."

Der Dieb belauschte dieses Gespräch und dachte bei sich: „Mein Gott, ein armer Mönch soll die Prinzessin erhalten? Ich will an den Ganges gehen und mit den Mönchen meditieren. Wer weiß, vielleicht werde ich ja ausgewählt. Jetzt muss ich stehlen, um nur ein bisschen Geld zu haben. Doch wenn ich der Prinzessin gefalle, werde ich über Nacht reich sein! Ich werde im Reichtum schwimmen!"

Früh am Morgen des nächsten Tages ging der Dieb im Gewand eines heiligen Mannes zum Ganges hinab und begann, mit den anderen Mönchen zu meditieren. Bald kamen auch die Minister des Königs und begannen, von Mönch zu Mönch zu gehen, auf der Suche nach einem Mönch, der die Prinzessin heiraten möchte. Doch die Mönche wurden wütend: „Wir streben nach unendlichem Licht, unendlicher Wahrheit, unendlicher Freude, und ihr wollt uns wieder an diese Welt binden? Wir interessieren uns nicht für das materielle Leben, wir wollen keinen materiellen Besitz," riefen sie. Die armen Minister wurden von allen Mönchen beschimpft und beleidigt. Die Mönche hatten kein Interesse an der Prinzessin, sie interessierten sich nur für die höchste Wahrheit und inneren Reichtum.

Einer nach dem anderen verweigerte die Hand der Prinzessin. Als die Minister schließlich zu dem Dieb kamen, willigte dieser ein, die Tochter des Königs zu heiraten. Die Minister kehrten zum König zurück und erzählten ihm die ganze Geschichte. Als er hörte, dass ein Mönch Interesse an der Prinzessin gezeigt hatte, war der König hocherfreut. „Morgen werde ich meine Tochter zum Gangesufer mitnehmen, wo die heiligen Männer beten und meditieren," sagte er.

Während der Nacht stahl sich ein göttlicher Gedanke in den Geist des Diebes. Er dachte bei sich: „Ich täusche nur vor, ein heiliger Mann zu sein. Allein durch das Vortäuschen erhalte ich die Prinzessin und dazu Reichtum und materielle Güter. Ich bin sicher, wenn ich wirklich und aufrichtig ein Mönch werde, werde ich unendliche Kraft, unendliches Licht, unendliche Seligkeit und unendlichen Frieden erhalten, so wie diese echten Mönche all das von Gott schließlich erhalten werden. Warum soll ich an diesen endlichen materiellen Reichtum verhaftet sein, wenn ich die Gelegenheit habe, unendliches Licht, unendliche Seligkeit und unendliche Kraft von Gottes grenzenlosem Reichtum zu erhalten?"

So änderte der Dieb über Nacht seine Meinung und als der König am nächsten Morgen auf ihn zutrat, erwies er dem König keinen Respekt. Er wurde wütend und rief: „O König, binde mich nicht an diese materielle Welt. Ich will Gott und nur Gott allein. Ich brauche deine Tochter nicht." Der arme König ging zurück zu seinem Palast und der Dieb wurde ein aufrichtiger heiliger Mann.

Diese Geschichte zeigt, dass wir unsere spirituelle Reise in jedem Augenblick beginnen können. Der Dieb begann mit Nachahmung. Doch er erhielt Inspiration, als er die echten heiligen Männer aufrichtig nach Gott und nur Gott allein streben sah. Von der Inspiration gelangte er zum seelenvollen inneren Streben. Er war nicht länger zufrieden mit seinem Verlangen nach Geld und materiellem Reichtum, weil er fühlte, dass man etwas viel Erfüllenderes erlangen konnte.

Wenn du immer noch Zweifel oder Neugierde hegst, dann beginne mit Zweifel, beginne mit Neugierde. Aber beginne! Schritt für Schritt wirst du deinem Ziel näher kommen. Gott ist längst schon begierig darauf, dich zu empfangen. Du magst nicht begierig sein, Gott zu besitzen, doch Gott, der ewige Vater und Gott, die ewige Mutter rufen nach dir. Du musst dich entscheiden, Gott zu wollen. Wenn du Gott wirklich willst, dann beginne dort, wo du bist – hier und jetzt. Das Ziel bewussten Einsseins mit Gott, dem unendlichen Licht und der unendlichen Wahrheit, wird dein sein.

Deine tiefe innere Sehnsucht,
der Schrei deines Herzens,
ist ein echter Schatz.
Der innere Schrei deines Herzens
steigt wie ein Adler empor,
um das höchste Ziel
deiner reinsten Seele
zu erreichen.

Kapitel 2

Meditation:
Der Schlüssel zum inneren Leben

Manchmal muss ich still sein,
denn das ist der einzige Weg,
ein wenig besser zu verstehen,
ein wenig weiser zu denken,
ein wenig vollkommener zu werden,
Gott ein wenig früher mein Eigen zu nennen.

Meditation ist eine göttliche Gabe. Meditation vereinfacht unser äußeres Leben und stärkt unser inneres Leben. Meditation schenkt uns ein natürliches und spontanes Leben, ein Leben, das so natürlich und spontan wird, dass wir nicht mehr atmen können, ohne uns unserer eigenen Göttlichkeit bewusst zu sein.

Die Flamme des Gebets und das Meer der Meditation

Was ist der Unterschied zwischen Gebet und Meditation? Wenn wir beten, fühlen wir, dass unser Dasein eine zielgerichtete, emporsteigende Flamme ist. Das Wesen des Gebets besteht darin, Gott zu erreichen, indem wir hinaufsteigen. Wenn wir meditieren, werfen wir uns hingegen in eine immense Weite hinein, in ein grenzenloses Meer von Frieden und Seligkeit oder wir öffnen uns für die unendliche Weite in uns.

Gebet und Meditation sind wie Vorder- und Rückseite derselben Medaille. Beide sind sehr wirksam. Wenn ich bete, spreche ich und Gott hört zu. Wenn ich meditiere, spricht Gott und ich höre zu. Wenn wir beten, gehen wir hinauf zu Gott; wenn wir meditieren, kommt Gott zu uns herab. In ihrer höchsten Form sind beide dasselbe. Wenn wir beten, fühlen wir jedoch, dass wir als Menschen von Gott getrennt sind. Wir fühlen, dass Er an einem Ort ist und wir an einem anderen. Wir schauen zu Ihm hinauf und sehnen uns nach Ihm, doch wir wissen nicht, wann und in welchem Maß Gott unsere Gebete erfüllen wird. Meditation sagt uns: „Gott ist nicht taub oder blind! Er weiß, was Er tun muss, um Sich in mir und durch mich zu erfüllen. Daher will ich also seelenvoll schweigen." Das höchste Gebet wurde vom Erlöser Jesus Christus gesprochen: „Dein Wille geschehe." Dieses Gebet ist zugleich der Anfang der Meditation. Wo das Gebet seine Reise beendet, beginnt die Meditation.

Meditation ist wie auf den Grund des Meeres zu tauchen, wo alles ruhig und still ist. An der Oberfläche mag das Meer voller Wellen sein, doch in der Tiefe wird es davon nicht berührt. In seinen tiefsten Tiefen ist das Meer vollkommene Stille. Wenn wir zu meditieren beginnen, versuchen wir zuerst, unser eigenes inneres Dasein zu erreichen, unser wahres Dasein – den Grund des Meeres. Wenn dann die Wellen der äußeren Welt über uns hinwegrollen, berühren sie uns nicht. Furcht, Zweifel, Sorgen und alle weltliche Unruhe werden einfach fortgespült, denn in unserem Innern ist fester Frieden. Gedanken können uns nicht berühren, weil unser Geist reiner Frieden, reine Stille, reines Einssein ist. Sie springen und schwimmen herum wie Fische im Meer, doch sie hinterlassen keine Spuren. Wenn wir uns in unserer höchsten Meditation befinden, fühlen wir, dass wir das Meer sind und dass uns die Tiere des Meeres nicht stören können. Wir fühlen, dass wir der Himmel sind, und alle Vögel, die vorbeifliegen, können unsere Ruhe nicht stören. Unser Verstand ist der Himmel und unser Herz ist das unendliche Meer. Das ist Meditation.

Ich bete zu Gott und meditiere auf Gott.
Ich bete zu Gott,
um Sein Gesicht der Höhe zu sehen.
Ich meditiere auf Gott,
um Sein Herz der Glückseligkeit zu fühlen.

Die ersten Schritte

Für deine Meditation zu Hause solltest du dir eine Ecke in deinem Zimmer wählen, die du absolut sauber und geheiligt hältst – einen heiligen Platz, den du nur für die Meditation benutzt. Bei deiner täglichen Meditation ist es am besten, alleine zu meditieren. Es ist hilfreich, wenn du, bevor du mit dem Meditieren beginnst, eine Dusche oder ein Bad nimmst. Auch ist es ratsam, saubere und leichte Kleidung zu tragen.

Wenn du ein spirituelles Leben führen willst, solltest du mindestens einmal am Tag meditieren. Am besten ist es, früh am Morgen zu meditieren, wenn die Atmosphäre noch ruhig und friedlich ist. Eine andere gute Zeit ist der Abend. Wenn du deine Meditation ernst nimmst und aufrichtig bist, wird die Kraft deiner Meditation von selbst wachsen. Wenn du in deiner Meditation regelmäßig und pünktlich bist, wirst du sehen, welchen Fortschritt du machst. Zu einer festen Zeit zu meditieren, wird dir helfen, dich gegen die Lethargie und die Widerspenstigkeit des Verstandes zu wehren.

Beim Meditieren ist es wichtig, das Rückgrat aufrecht und gerade zu halten und den Körper zu entspannen. Du wirst bemerken, dass dein inneres Wesen dich spontan in eine bequeme Stellung bringen wird. Dann liegt es an dir, diese Stellung beizubehalten. Manche Sucher meditieren gerne im Liegen, doch das ist nicht ratsam. Dabei kann es leicht geschehen, dass du in die Welt des Schlafs eintauchst oder in eine Art innere Träumerei verfällst. Andererseits ist der Lotossitz, der eine fortgeschrittene Yogahaltung darstellt, nicht notwendig, um richtig zu meditieren. Viele Menschen meditieren sehr gut, wenn sie auf einem Stuhl sitzen.

Es wird dir helfen, wenn du Räucherstäbchen und Kerzen anzündest und einige Blumen vor dich hinstellst. Die äußere Blume wird dich an die Blume in deinem Herzen erinnern. Vom Duft des Räucherstäbchens wirst du Inspiration und Reinheit erhalten und damit deinen inneren Reichtum vergrößern. Wenn du die äußere Flamme siehst, wirst du sogleich spüren, wie deine innere Flamme hoch, höher und immer höher emporsteigt.

Richtiges Atmen

Richtiges Atmen ist bei der Meditation sehr wichtig. Versuche so langsam und ruhig wie möglich einzuatmen, so dass ein winziger Faden vor deiner Nase sich nicht bewegen würde. Versuche dann noch langsamer auszuatmen. Halte, wenn möglich, nach dem Ausatmen und vor dem Einatmen kurz inne. Wenn du kannst, halte deinen Atem für einige Sekunden an. Wenn das jedoch zu schwierig ist, dann lasse es. Tue nie etwas, das deine inneren Organe oder deine Atemwege schädigen könnte.

Versuche bei jedem Einatmen zu fühlen, dass du unendlichen Frieden in deinen Körper bringst. Beim Ausatmen versuche zu fühlen, dass du die Rastlosigkeit in dir und um dich herum vertreibst. Nachdem du diese Übung einige Male gemacht hast, versuche zu fühlen, dass du Kraft aus dem Universum einatmest. Beim Ausatmen fühlst du, dass all deine Furcht deinen Körper verlässt. Nachdem du das einige Male gemacht hast, versuche zu fühlen, dass du unendliche Freude einatmest, und Sorgen, Leid und Niedergeschlagenheit ausatmest.

Du kannst noch etwas weiteres versuchen. Stell dir vor, dass du nicht Luft, sondern kosmische Energie einatmest. Fühle, dass es keine einzige Stelle in deinem Körper gibt, die nicht von kosmischer Energie erfüllt wird. Sie fließt wie ein Fluss in dir und durchspült und reinigt dein ganzes Wesen. Wenn du dann mit dem Ausatmen beginnst, fühlst du, dass du allen Unrat aus deinem Innern ausatmest – all deine ungöttlichen Gedanken, dunklen Vorstellungen und unreinen Handlungen.

Eine göttliche Freundschaft

Wenn du einen bestimmten Aspekt Gottes bevorzugst, zum Beispiel Liebe, dann wiederhole innerlich das Wort *Liebe* einige Male äußerst seelenvoll. Während du das Wort *Liebe* aussprichst, versuche zu fühlen, dass es in den innersten Winkeln deines Herzens widerhallt: "Liebe, Liebe, Liebe." Wenn du dich mehr zu göttlichem Frieden hingezogen fühlst, wiederhole innerlich das Wort *Frieden*. Versuche dabei den kosmischen Klang zu hören, den das Wort verkörpert. Fühle, dass *Frieden* ein ursprünglicher Klang ist, der in den innersten Winkeln deines Herzens schwingt.

Wenn du Licht willst, dann wiederhole das Wort „Licht, Licht, Licht" sehr seelenvoll und fühle dabei, dass du tatsächlich zu Licht geworden bist. Versuche zu fühlen, dass du von den Fußsohlen bis zum Scheitel zu dem Wort geworden bist, das du wiederholst. Fühle, dass dein ganzer Körper von Liebe, Frieden und Licht durchdrungen ist.

Hier noch eine weitere Übung: Stell dir vor, dass du an der Türe deines Herzens stehst und dass du Liebe, Frieden, Licht, Seligkeit und all deine anderen göttlichen Freunde eingeladen hast einzutreten. Wenn Verwirrung, Unaufrichtigkeit, Unreinheit, Unsicherheit, Zweifel und andere negative Kräfte auftauchen, lässt du sie nicht herein. Stell dir vor, dass sowohl die göttlichen wie auch die ungöttlichen Eigenschaften menschliche Gestalt angenommen haben und du sie mit deinen menschlichen Augen sehen kannst. Wenn du jeden Tag auch nur an einen Freund denken und diesen Freund bitten kannst, durch die Türe deines Herzens hereinzukommen, dann ist das der Anfang einer göttlichen Freundschaft. An einem Tag wirst du nur deinem Freund Liebe erlauben einzutreten, am nächsten Tag deinem Freund Freude. Mit der Zeit wirst du die Fähigkeit erhalten, mehrere Freunde auf einmal einzuladen. Am Anfang hast du vielleicht nicht die Mittel, mehr als einen Freund auf einmal zu bewirten, doch mit der Zeit wirst du fähig sein, alle deine göttlichen Freunde einzuladen.

Meditation auf das Herz

Es ist besser, im Herzen als im Verstand zu meditieren. Der Verstand ist wie der Times Square[*] an Silvester, während das Herz wie eine abgelegene Höhle im Himalaja ist. Wenn du im Verstand meditierst, wirst du vielleicht fünf Minuten lang meditieren können, und von diesen fünf Minuten wirst du vielleicht eine Minute lang kraftvoll meditieren. Am Anfang magst du Freude und Erfüllung erhalten, doch dann wirst du dich wie in einer öden Wüste fühlen oder dein Verstand wird wieder voller Gedanken sein. Wenn du jedoch im Herzen meditierst, entwickelst du die Fähigkeit, dich mit der Freude und der Erfüllung, die du fühlst, zu identifizieren und sie dir dauerhaft zu eigen zu machen.

Zwischen dem, was der Verstand und was das Herz dir geben kann, besteht ein riesiger Unterschied. Der Verstand ist von Natur aus begrenzt. Das Herz jedoch ist unbegrenzt. Tief in deinem Innern liegen unendlicher Frieden, unendliches Licht und unendliche Seligkeit. Diese Eigenschaften in begrenztem

[*] *ein belebter Platz in New York*

Maße zu fühlen, ist einfach. Meditation im Verstand schenkt sie dir. Doch du kannst unendlich viel mehr fühlen, wenn du im Herzen meditierst. Angenommen du hast die Möglichkeit, an zwei Orten zu arbeiten. An einem Ort verdienst du zweihundert Dollar und am anderen fünfhundert. Wenn du klug bist, wirst du deine Zeit nicht am ersten Ort verschwenden.

Fühle beim Meditieren, dass du ein Kind in einem Garten voller Blumen bist. Dieser Blumengarten ist dein Herz. Ein Kind kann stundenlang in einem Garten spielen. Es wird von einer Blume zur anderen laufen, doch es wird den Garten nicht verlassen, weil es sich an der Schönheit und dem Duft jeder Blume erfreut. Fühle, dass in deinem Innern ein Garten ist und du dich solange darin aufhalten kannst, wie du willst. Auf diese Weise kannst du im Herzen meditieren.

Dein Verstand hat eine Fülle von Fragen.
Es gibt nur einen Lehrer,
der sie beantworten kann.
Wer ist dieser Lehrer?
Dein die Stille liebendes Herz.

Meditiere ich richtig?

Wenn du richtig meditierst, wirst du spontane innere Freude empfinden und Frieden innen und außen fühlen. Wenn du jedoch eine mentale Spannung oder ein störendes Gefühl im Kopf spürst, dann ist die Art der Meditation, die du praktizierst, nicht für dich geeignet. Wenn du eine gute Meditation hast, wirst du danach ein gutes Gefühl der Welt gegenüber haben. Du wirst die Welt trotz all ihrer zahllosen Unvollkommenheiten mit Liebe betrachten. Auch wenn du unmittelbar nach deiner Meditation ein dynamisches Gefühl hast, wenn du fühlst, dass du in die Welt gekommen bist, um etwas zu tun und etwas zu werden – um zu Gottes Ebenbild und zu Seinem selbstlosen Werkzeug zu werden – dann ist das ein Zeichen, dass du eine gute Meditation hattest.

Sei jedoch bitte nicht beunruhigt, wenn du am Anfang noch nicht gut meditieren kannst. Gott allein weiß, wieviele Jahre man selbst im äußeren Leben üben muss, um auf einem Gebiet wirklich gut zu werden. Wenn ein erfahrener Pianist daran denkt, auf welchem Niveau er war, als er mit dem Klavierspiel begann, wird er lachen. Nur durch allmählichen Fortschritt hat er seine gegenwärtige musikalische Höhe erreicht. Ebenso kann es auch im spirituellen Leben am Anfang schwierig sein zu meditieren, doch Schritt für Schritt wird deine Fähigkeit wachsen.

Andererseits wirst du aber schon vom ersten Tag an die Wohltaten der Meditation fühlen. Wenn wir auch nur einen einzigen Tropfen Wasser aus dem irdischen Meer trinken, wird er salzig schmecken. Genauso werden wir, wenn wir während unserer Meditation auch nur einen winzigen Tropfen aus dem Meer des Friedens trinken können, in unserem Leben mit Sicherheit Frieden erfahren.

Ist Meditation etwas Praktisches?

Wir sagen von jemandem, er sei praktisch, wenn er zum richtigen Zeitpunkt das Richtige tut, so dass sein äußeres Leben ohne Hektik verläuft. Doch wie klug wir auch sein mögen, wie bewusst wir auch sein mögen – manchmal sind wir in unserem äußeren Leben mit unserem Latein am Ende. Wir wissen nicht, was wir tun oder sagen sollen. Oder wir sagen und tun zwar das Richtige, aber dennoch geht alles schief. Wir bekommen unser Leben nicht in den Griff. Wir wollen aufrichtig etwas tun oder etwas werden, aber wir schaffen es nicht.

Warum geschieht das? Der Grund liegt darin, dass unsere äußeren Fähigkeiten immer von unserem inneren Gewahrsein bestimmt werden. Wenn wir in unserem inneren Leben praktisch sind, das heißt, wenn wir beten und meditieren, dann werden wir unsere innere Bewusstheit vergrößern. Wenn wir inneres Gewahrsein haben, haben wir freien Zugang zu unendlicher Wahrheit und immerwährender Freude und wir werden fähig, unser äußeres Leben in den Griff zu bekommen.

Wir wachsen stets von innen her, nicht von außen. Die Pflanze wächst aus dem Samenkorn in der Erde, nicht umgekehrt. Das innere Leben trägt ständig die Botschaft der Wahrheit und die Botschaft Gottes in sich. Diese innere Wahrheit ist der Samen. Wenn wir dem Samen erlauben, zu keimen, zu einer Pflanze heranzuwachsen und schließlich zu einem Baum zu werden, dann können wir eines Tages die Frucht essen, die der Baum trägt. Während wir sie essen, sind wir uns dessen bewusst, dass diese Frucht der äußeren Welt angehört, obwohl ihr Ursprung in der inneren Welt ist. Wir sehen, wie das Potenzial der inneren Welt sich in der äußeren Welt manifestiert.

Wie viele Stunden wir auch arbeiten, sprechen oder irgendetwas anderes in der äußeren Welt tun mögen, wir werden uns dadurch nicht der Wahrheit nähern. Doch wenn wir zuerst meditieren und danach handeln und sprechen, dann tun wir etwas Praktisches. Der innere Pragmatismus muss das äußere Leben leiten und nicht umgekehrt. Der Lebensatem der äußeren Welt muss aus dem inneren Leben kommen. Nur dann können wir wahrhaft praktisch sein.

Wenn wir mutig genug sind, uns auf das innere Leben einzulassen, werden wir sehen, dass die innere Welt praktisch, wirklich und natürlich ist. Liebe, Licht, Frieden und Freude sind auf göttliche Weise normal. Wenn wir zum Vorschein bringen, was die innere Welt anzubieten hat, dann wird die äußere Welt auch auf göttliche Weise normal, praktisch und erfüllend werden.

Die höchste Wirklichkeit

Für einen Anfänger scheint Meditation die höchste Wirklichkeit zu sein. Doch wenn man ein fortgeschrittener Sucher wird, erkennt man, dass Meditation nur zur höchsten Wirklichkeit führt. Die höchste Wirklichkeit ist etwas, das man erlangt oder in das man hineinwächst, indem man dem Pfad der Meditation folgt. Das göttliche Leben ist für uns auf Erden nicht unerreichbar. Die Erfüllung der Göttlichkeit hier auf der Erde kann niemals unerreichbar für uns bleiben, wenn wir das Geheimnis der Geheimnisse kennen. Dieses Geheimnis besteht darin, zur göttlichen Liebe zu werden, in der der Liebende und der Geliebte eins werden, in der die Schöpfung und der Schöpfer eins werden, in der das Endliche und das Unendliche eins werden. Wenn Erleuchtung in einem Menschen stattfindet, ist Gott nicht länger nur ein Versprechen, sondern eine tatsächliche Errungenschaft.

Du kannst dein Leben ändern. Du brauchst keine Jahre oder auch nur Monate auf diese Veränderung zu warten. Sie beginnt in dem Augenblick, in dem du in das Meer der Spiritualität eintauchst. Versuche das Leben spiritueller Disziplin einen Tag lang zu leben, nur einen einzigen Tag. Es wird dir mit Sicherheit gelingen.

Ich werde mich nun rufen,
ich werde mich rufen.
Im Wald meines Herzens, mir selbst gegenüber,
werde ich mich lieben und lieben.
Ich werde meine eigene Suche sein,
mein höchster Reichtum.
Die Reise des höchsten Lichts wird
im Herzen der Freiheit beginnen.

Kapitel 3

Zweifelsgift und Glaubensnektar

Stärke deinen Glauben an dich selbst.
Nichts wird dich ängstigen
oder schwächen können.

Wie jede gute Eigenschaft, so ist auch Glaube ein Geschenk Gottes. Doch Glaube kann auch durch unsere persönliche Bemühung vertieft werden. Durch Beten oder Meditieren können wir unseren Glauben stärken. Glaube ist wie ein Muskel. Wenn wir trainieren, entwickeln wir unsere Muskeln. Genauso kann unser Glaube gestärkt werden, wenn wir ihn trainieren. Viele Menschen beginnen das spirituelle Leben aus Neugierde. Sie besitzen nur sehr wenig Glauben, aber dennoch treibt sie etwas dazu an, weiterzumachen. Später spüren sie in sich das Erblühen eines tieferen Glaubens. Wer einen spirituellen Weg geht, wird schließlich unweigerlich stärkeren Glauben entwickeln.

Ein Weg, mehr Glaube zu entwickeln, besteht darin, mit Menschen zu verkehren, die schon Glauben besitzen. Es ist ähnlich, wie wenn man mit einem Menschen zusammen ist, der mehr Wissen besitzt als man selbst: das eigene Wissen wird gefördert. Wenn du mit jemandem zusammen bist, der mehr Glaube besitzt, wird auf die gleiche Weise deine eigene Glaubensflamme entfacht. Wenn du das Gefühl hast, jemand besitze mehr Glauben an Gott als du selbst, dann suche seine Nähe. Selbst wenn du nicht die Gelegenheit erhalten solltest, mit ihm zu sprechen, wird allein seine Gegenwart den Glauben in dir stärken. Für dich als Suchenden ist es ratsam, die Gegenwart von Menschen zu suchen, die größere Fähigkeiten und stärkeres Streben haben als du selbst. Dein Herz wird dabei unbewusst wie ein göttlicher Magnet wirken, der die göttlichen Eigenschaften der anderen anzieht.

Innere Feinde und Freunde

Zweifel ist der denkbar größte Feind in unserem inneren Leben. Er raubt uns all unseren wertvollen inneren Reichtum. Zweifel ist ein schleichendes Gift. Warum? Weil der Zweifel beginnt, sich selbst zu bezweifeln. Heute zweifelst du an jemand anderem und morgen zweifelst du an dir selbst. Heute gelangst du zu einer Überzeugung und morgen verschlingt dich eine neue Welle des Zweifels. Das bedeutet nicht, dass der Zweifel von heute weggespült wird. Nein, er ist nur durch einen anderen Zweifel ersetzt worden.

Du hast den Zweifel sehr lange Zeit als deinen Freund betrachtet. Wenn du nicht das Gefühl gehabt hättest, der Zweifel sei dein wahrer Freund, wärest du nicht bei ihm geblieben. Doch sobald du einen besseren Freund in dein Leben treten siehst, wirst du dich nicht wie ein Narr verhalten. Du wirst dir sagen: „Jetzt ist ein neuer Freund in mein Leben getreten und ich sehe, dass dieser Freund mich zu einem höheren Ziel führen wird."

Deine neuen Freunde sind Glaube und Mut. Diese beiden Freunde waren immer bei dir, doch du hast dich nie um sie gekümmert. Was passiert nun, wenn du deine Freunde wechselst? Am Anfang werden deine alten Freunde, Furcht und Zweifel, versuchen, dich zurückzugewinnen, denn sie wollen deine Freundschaft nicht verlieren. Doch bald werden sie das Gefühl haben, dass es unter ihrer Würde ist, sich mit dir abzugeben, und sie werden sich sagen: „Lass ihn nur gehen. Wenn ihm nichts an uns liegt, wenn er uns nicht braucht, dann brauchen wir ihn auch nicht." Es ist wie bei menschlichem Stolz. Wenn wir einen Freund verlieren, versuchen wir zuerst, ihn zurückzugewinnen. Wenn wir jedoch sehen, dass der Fall aussichtslos ist, kommt unser Ego und wir sagen: „Wenn er uns nicht braucht, brauchen wir ihn auch nicht." Auf diese Weise verlassen uns Zweifel und Furcht, wenn wir uns mit Glauben und Mut anfreunden.

> *In der inneren Welt*
> *kann ich jeden Tag Sonnenschein erleben,*
> *denn mein innerer Glaube gründet sich*
> *auf Gottes unfehlbares Versprechenslicht.*

Den Zweifel überwinden

Der beste und wirkungsvollste Weg, den Zweifel zu überwinden, ist sich vorzustellen, dass man durch und durch Sicherheit ist. Fühle, dass du reiner Mut bist. Versuche dich immer mit dem Positiven zu identifizieren. Im Augenblick identifizierst du dich vielleicht unglücklicherweise mit dem Zweifel und glaubst, dies sei die Wirklichkeit. Doch wenn du deine Haltung änderst, wirst du sagen, dass Zweifel nicht die Wirklichkeit ist, dass Furcht nicht die Wirklichkeit ist, sondern dass die wirkliche Wirklichkeit Glaube ist, dass die wirkliche Wirklichkeit Mut ist. Wie kannst du das erreichen? Wenn der Zweifel kommt, solltest du an das Gegenmittel denken: Glaube. Wenn Zweifel in deinen Verstand eintritt, dann sprich sofort das Wort „Glaube" aus. Sag dir einfach: „Ich bin Gottes Kind. Wie kann ich an mir selbst zweifeln, wie kann ich an anderen zweifeln, wie kann ich an Gott zweifeln?"

Zweifel werden wir nie durch Wunschdenken allein überwinden können. Wir müssen dazu eine aufrichtige Anstrengung machen. Wenn wir uns mit dem Verstand identifizieren, werden wir nicht die Kraft haben, den Zweifel zu überwinden, weil der Verstand selbst unbewusst oder bewusst den Zweifel hegt. Die Seele jedoch hat mehr Macht als der Verstand. Deshalb sollten wir versuchen, uns mit dem Licht der Seele zu retten. Wir sollten jeden Tag versuchen, das Licht der Seele in uns zu fühlen, ehe der Zweifel Gelegenheit hat, in unseren Verstand einzudringen. Jedes Mal, wenn Zweifel kommen, sollten wir fühlen, dass die Seele uns nicht nur beschützt, sondern uns auch ein neues Leben schenkt – ein Leben beständigen und reichen Glaubens, nicht nur an Gott, sondern auch an uns selbst.

Zweifel wird uns verlassen, wenn wir fühlen, dass wir dazu bestimmt sind, etwas für Gott zu tun. Der Ausdruck ‚dazu bestimmt‘ gibt uns enorme Kraft und bringt grenzenlosen Mut hervor. Selbst wenn jemand von Natur aus schwach ist, wird aus der inneren Welt sofort Heldenhaftigkeit hervortreten, sobald er sagt, er sei dazu bestimmt, für Gott zu arbeiten. Er wird gegen jegliches Hindernis mit einer Kraft und einer inneren Entschlossenheit kämpfen, die ihn selbst überraschen wird. Hindernisse können in Gestalt von Unreinheit, Dunkelheit, Eifersucht, Furcht und Zweifel auftreten, doch der Ausdruck ‚dazu bestimmt‘ wird den Stolz all dieser negativen Kräfte brechen. Alles Ungöttliche muss vor diesem Ausdruck in die Knie gehen. Wenn wir also die innere und äußere Überzeugung besitzen, die uns sagt, dass wir dazu bestimmt sind, Gott zu dienen, dann können wir unser Ziel ganz gewiss erreichen.

Das Zweifels-Äffchen

Wenn Zweifel oder andere negative Kräfte in dich eindringen, betrachte sie wie ein Äffchen, das dich ständig belästigt. Du betest und meditierst, und hier kommt das Äffchen und stört dich. Du lässt das Äffchen seine Spiele treiben, denn du bist geduldig. Zwischen deiner Geduld und den frechen Streichen des Äffchens findet ein Wettstreit statt. Weil du ein Sucher bist, wirst du mehr Geduld haben als jemand, der kein inneres Streben besitzt. Das Äffchen besitzt kein inneres Streben, daher kann seine Geduld es niemals mit dir aufnehmen. So wie wir ein Ego haben, besitzt auch das Äffchen eine Art Ego. Wenn du ihm keine Beachtung schenkst, wird es schließlich finden, dass es unter seiner Würde ist, dich zu belästigen. Geduld hat die Fähigkeit, falsche Kräfte aufzulösen, und wenn du Geduld hast, können die negativen Kräfte niemals gewinnen.

Zweifel ist eine altbekannte Krankheit.
Glauben ist eine altbewährte Medizin.
Mitgefühl ist ein altbewährter Arzt.
Anteilnahme ist eine altbewährte Krankenschwester.

Zweifel an Gott

Wenn du an Gott zweifelst, wird Gott dadurch keine Seiner unbegrenzten Fähigkeiten verlieren. Zweifle an Gottes Existenz, falls du das willst, denn Er steht nicht unmittelbar vor dir. Du siehst Ihn nicht und fühlst Ihn nicht bewusst. Aber zweifle nicht an dir selbst. Wenn ein anderer Mensch Gott erkannt hat, warum solltest du dann nicht dasselbe tun können? Derselbe Gott, der in diesem Menschen existiert, existiert auch in dir. Alle Seelen sind von derselben Quelle gekommen, die Gott ist. Wenn ein Mensch Gott durch das innere Streben seiner Seele erkennt und verwirklicht hat, dann kannst du das ebenfalls.

Dein Zweifel ist unbegründet. Obwohl dein Streben vielleicht nicht dieselbe Intensität haben mag wie das des anderen, solltest du fühlen, dass Gott niemals ganz erfüllt sein wird, ehe du Ihn nicht verwirklicht hast. Gottes Existenz braucht Erfüllung in dir und durch dich. Wenn dein Freund Gott verwirklicht hat, du aber noch unverwirklicht bist, dann sei versichert, dass Gott unerfüllt bleibt. Er wird erst an dem Tag erfüllt sein, an dem alle Menschen Ihn verwirklicht haben werden.

Vielleicht hast du unerschütterlichen Glauben an Gottes Existenz, doch du zweifelst an Gottes Mitgefühl. Du magst fragen: „Ist Gott wirklich voller Mitgefühl? Ich habe so viele Dinge in meinem Leben falsch gemacht. Wird Er mir dennoch Sein Erkenntnis-Licht schenken? Warum sollte Er mir Sein bedingungsloses Mitgefühl gewähren?" Um diese Art von Zweifel zu überwinden, solltest du dich daran erinnern, dass du einmal eine Seele in der Seelenwelt gewesen bist. Wer brachte deine Seele in diese Welt? Gott. Bevor du der Spiritualität, der Göttlichkeit und der Wirklichkeit gewahr wurdest, gab dir Gott das Leben. Gott gab dir die Botschaft der Göttlichkeit. Du siehst, wieviel Gott dir schon gegeben hat, obwohl du nie bewusst um diese Dinge gebeten hast. Es ist alles durch deine Seele zu dir gekommen. Wer hat deine Seele erschaffen? Gott. Wer schenkte sie dir? Gott. Wer wird sich durch deine Seele erfüllen? Wieder Gott. Du kannst also leicht aufhören, an Gottes Anteilnahme zu zweifeln.

Es ist Gottes Aufgabe, Sich selbst auf der Erde zu erfüllen und zu manifestieren. Wenn du bewusst innerlich strebst, wird es einfacher für Ihn, Sich durch dich zu erfüllen und zu manifestieren. Wenn du Ihm deine Aufrichtigkeit und dein inneres seelenvolles Streben anbietest und einen Schritt auf Ihn zugehst, wird Er dir neunundneunzig Schritte entgegengehen. Du gibst, was du kannst, und Gott wird dir nicht nur geben, was Er hat, sondern auch was Er ist. Was Er hat, ist unendliche Anteilnahme, und was Er ist, ist unendliches Licht.

Mein erhabener Herr,
Was wirst Du für mich tun,
wenn ich Dir den erblühenden Glauben
meines Herzens schenke?
„Mein Kind,
Ich werde die brütenden Zweifel
aus deinem Verstand entfernen."

Glaube wirkt Wunder

Die Abwesenheit von Zweifel ist eine Sache, doch Glaube, echter Glaube, ist etwas anderes. Das Studium von Büchern und Schriften kann uns Informationen und ein gewisses Verständnis schenken. Im besten Fall kann es uns Inspiration geben, aber nicht mehr. Durch das Übernehmen fremder Ideen können wir in unserem inneren Leben niemals wahrhaft erleuchtet werden. Nur indem wir das ewige Buch der Wahrheit in unserem Innern studieren, indem wir beständig auf die Stimme unseres inneren Selbst hören, können wir spirituell erleuchtet werden. Dann werden wir auch Freude in unserem äußeren Leben finden. Wir müssen zuerst Gott sehen und dann können wir gottähnlich werden. Wenn wir wahrhaft gottähnlich werden wollen, muss unser Reden dem Werden weichen.

Dazu möchte ich euch eine wahre Geschichte erzählen. Überall in Indien beten Menschen zu Krishna, einem großen spirituellen Meister, der vor Tausenden von Jahren auf der Erde lebte. In einem Dorf in Bengalen musste einst der Diener eines reichen Mannes tagtäglich mit der Fähre einen Fluss überqueren, um zum Hause seines Herrn zu gelangen. Eines Tages kam jedoch ein schwerer Sturm auf. Die Fähre konnte nicht über den tosenden Fluss setzen und der Diener, der einen Umweg von vielen Kilometern über eine Brücke machen musste, kam zu spät. Sein Herr war wütend. „Du Narr," rief er. „Wenn du dreimal Krishnas Namen aussprichst, wirst du sehen, dass du keine Fähre brauchst. Dann kannst du über den Fluss gehen!"

Am Nachmittag machte der Sturm keine Anstalten abzuklingen, und der arme Diener stand vor derselben Schwierigkeit wie am Morgen. Doch diesmal gehorchte er in seinem einfachen Glauben den Anweisungen seines Herrn. Aus der Tiefe seines Herzens rief er den Namen Krishnas aus. Und das Wunder geschah! Er fühlte, wie eine Kraft ihn zum Wasser trieb, und er war fähig, über die Wellen zu gehen. Auf diese Weise überquerte er den Fluss.

Als sein Herr die Geschichte hörte, war seine Freude grenzenlos. Eine Welle des Stolzes erhob sich in seinem Herzen. War es nicht sein eigener Ratschlag gewesen, der diesen Erfolg zustande gebracht hatte? „Ich hatte keine Ahnung, dass mein Rat solche Kraft besitzt," dachte er bei sich. „Dieses Wunder will ich selbst erleben."

Der reiche Mann begab sich zum Fluss, der inzwischen wieder ruhig dahinströmte, und wiederholte dreimal Krishnas Namen. Dann begann er den Fluss zu überqueren, doch Angst und Zweifel quälten sein ganzes Wesen, und obwohl er den heiligen Namen hunderte von Malen rief, war sein Versuch vergebens. Er ertrank.

Was lernen wir aus dieser Geschichte? Der Diener hatte aufrichtigen Glauben an seinen Herrn. Und er hatte bedingungslosen Glauben an Krishna. Dieser unerschütterliche Glaube an eine göttliche Kraft rettete ihn und bewies die Kraft von Krishnas Gnade.

Samen des Glaubens pflanzen

Wenn etwas wahr ist, wirst du es im tiefsten Innern deines Herzens fühlen, auch wenn es dazu manchmal ein wenig Zeit brauchen mag. Nachdem ein Samen gesät ist, dauert es einige Monate, bis er zu keimen beginnt. In einem Jahr wird daraus ein Schößling, und schließlich wächst er zu einem riesigen Banyanbaum heran.

Sobald du beginnst, dich für das spirituelle Leben zu interessieren, hast du den Samen gepflanzt. Du magst das Ergebnis nicht sofort sehen. Du wirst Licht und Frieden spüren, doch zuerst musst du Glauben haben. In deinem Körper befinden sich eine Reihe von Organen: das Herz, die Lungen und so weiter. Du glaubst das, weil die Ärzte und andere das sagen. Obwohl du diese Organe nicht sehen kannst, weißt du, dass sie vorhanden sind. Mit der inneren Welt ist es ähnlich: Auch wenn du etwas im Augenblick nicht siehst, kannst du nicht sagen, es existiere nicht. In deinem inneren Leben gibt es viele Dinge, deren du dir im Augenblick nicht gewahr sein magst, doch wenn du seelenvoll betest und meditierst und mehr Glauben an das entwickelst, was du von spirituellen Suchern und Meistern gehört hast, dann wirst du letztendlich feststellen, dass sie völlig recht haben.

Du solltest mit Glauben beginnen – aufrichtigem, echtem, höchstem Glauben. Dieser Glaube wird dich nicht in die Irre führen. Wenn du ein spirituelles Buch liest, birgt dieses Buch Licht in sich. Während du liest, spürst du vielleicht nicht sofort Licht in diesem Buch, aber dennoch legst du es nicht zur Seite. Du hast ein wenig Glauben an die Botschaften, die das Buch enthält. Du meditierst auf die Worte und Ideen, von denen das Buch spricht, und schließlich fühlst du tatsächlich Licht. Das Buch enthält eine verborgene Wirklichkeit. Wenn du beim Lesen an diese verborgene Wirklichkeit glaubst, wirst du im Laufe der Zeit Erleuchtung erlangen. Doch du musst das Buch erst lesen, um das Wesentliche, die Quintessenz des Buches zu erhalten.

Auf ähnliche Weise musst du beten und meditieren, bevor du deine eigene Göttlichkeit fühlen kannst. Sei nicht traurig und ärgere dich nicht, wenn du deine innere Göttlichkeit im Augenblick noch nicht fühlen kannst. Bete und meditiere aufrichtig, dann wird durch deinen Glauben deine wahre Göttlichkeit eines Tages deutlich sichtbar werden. Gib nicht gleich auf, wenn du zu Beginn deines spirituellen Lebens nicht sofort höhere Erfahrungen oder Verwirklichungen hast. Wenn du im Augenblick in den Tiefen deines Herzens noch nichts Göttliches, Erleuchtendes, Erfüllendes und Vollkommenes fühlst, mach dir nichts daraus. Es braucht Zeit, freien Zugang zur inneren Welt zu erhalten. Doch wenn du einmal freien Zugang zur inneren Welt hast, wirst du sehen, dass sie von Licht und Wonne durchdrungen ist.

Du weinst,
weil die Quantität der Zweifel deines Verstandes
so grenzenlos ist wie der Ozean.
Warum lachst und tanzt du nicht,
da du doch weißt,
dass die Qualität des Glaubens deines Herzens
so rein ist wie eine Morgenrose?

Der Glaube eines Kindes

Du bist Gottes Kind und nicht Gottes Sklave. Wenn du Gott als deinen Vater betrachten kannst, kannst du sagen: „Mein Vater ist reich, mein Vater ist groß, mein Vater ist gütig. Er wird mir mit Sicherheit einen Teil Seiner Güte, Seiner Größe und Seines Reichtums geben." Das ist das spontane Gefühl eines Kindes.

Wie willst du an dich selbst glauben, wenn du dir vorstellst, Gott sei dein Herr und du seist Sein Sklave? Ein Sklave wird sagen: „Heute ist er mein Herr, doch morgen schon mag er mich hinauswerfen." Ein Sklave kann den Reichtum oder die Fähigkeiten seines Herrn nicht als sein Eigentum beanspruchen. Ein Kind jedoch kann das.

Wenn du Glauben an dich selbst haben willst, musst du zuerst fühlen, welche Art von Verbindung oder Beziehung du mit deinem inneren Führer aufgebaut hast. Wenn es die Beziehung zwischen Vater und Kind ist, zwischen Mutter und Kind oder zwischen Liebendem und Geliebtem, wenn es die Beziehung zwischen zwei zutiefst vertrauten, engsten Freunden ist, dann kannst du von Gott alles erwarten. Wenn du jedoch diese Art süßen Einsseins zwischen dir und Gott nicht herstellen kannst, wie kannst du dann irgendeinen Glauben aufrechterhalten? Wenn du denkst: „Gott ist in weiter Ferne. Er ist der Höchste Herr und ich bin nur ein bedeutungsloses Geschöpf," dann kann es darin kein Gefühl von Einssein geben. Wenn du dich selbst als winzige Ameise empfindest und Gott als riesigen Elefanten, wirst du natürlich sagen: „Wie kann ich irgendeine Stärke oder Fähigkeit besitzen? Ich bin so schwach und bedeutungslos." Wenn du Gott als jemanden betrachtest, der mehr als begierig darauf ist, dir zu geben, was Er hat, dann wirst du fühlen: „Die Stärke, die Gott besitzt, ist für mich bestimmt. Wenn die Zeit reif ist, wird Er sie mir geben." Wenn du ein solches Gefühl aufgebaut hast, wenn du fühlst, dass dein Vater dir alles geben wird, was du brauchst, dann wirst du automatisch unerschütterlichen Glauben besitzen.

Am Morgen nähre ich meine Glaubens-Flammen.
Am Abend entdecke ich etwas sehr Erstaunliches:
Alle meine Zweifel sind an Unterernährung gestorben.

Das Auge des Glaubens

Glaube ist das Auge, das Gott und der Mensch gemeinsam besitzen. Das Auge des Glaubens sieht die Zukunft in der Unmittelbarkeit der Gegenwart. Wenn wir an das spirituelle Leben glauben, dann stolpern wir nicht, wir gehen nicht, wir marschieren nicht – nein, wir rennen! Wenn wir bedingungslosen Glauben an Gott, den inneren Führer, und an unser eigenes Streben besitzen, dann laufen wir ständig mit Höchstgeschwindigkeit unserem Ziel entgegen.

Jesus Christus sagte: „Selig sind, die glauben ohne zu sehen." Menschen, die nur glauben, was sie mit ihren bloßen Augen sehen können, genießen nur die halbe Frucht. Die Wahrheit zu analysieren bedeutet, sie zu verlieren. Wahrheit ist eine Frage der Identifikation. Das ist die erhabene Aussage Jesu über Glauben und Zweifel. Selig sind die, die Glauben besitzen, ohne jeden Augenblick nach einem Beweis zu fragen.

Was du Glauben nennst, nenne ich das Vorauswissen der Seele um die höchste Wahrheit. Glaube sagt uns nicht nur, was Gott ist, sondern auch, was Gott in jedem Augenblick für uns tun kann. Dieser Glaube ist unser lebendiger Atem in Gott dem Allwissenden und Gott dem Allmächtigen.

Schaue mit dem Auge das Glaubens. Du wirst die ewige Wahrheit sehen. Fühle durch das Herz des Glaubens. Du wirst die unsterbliche Wahrheit fühlen.

Was ist schlafloser Glaube?
Ein Leuchtfeuer für jene,
die im Goldenen Boot
zum Goldenen Ufer segeln.

Kapitel 4

Ein Feind namens Furcht und ein Held namens Mut

Es gibt keinen anderen Weg,
dein inneres Selbst zufrieden zu stellen,
als ein vollkommener Inbegriff des Mutes zu sein.

Mut ist eine absolute Notwendigkeit im spirituellen Leben. Allein das spirituelle Leben anzunehmen, verlangt ungeheuren Mut. Dieser Mut ist jedoch nicht der Mut eines selbstherrlichen, rohen Menschen, der andere zu Boden schlägt, um seine Überlegenheit zu beweisen. Er ist etwas völlig anderes. Dieser Mut ist unser ständiges Gewahrsein der Wirklichkeit, in die wir eintreten, zu der wir werden und die wir offenbaren werden.

Furcht ist eine negative, zerstörerische Kraft, und wir sind die Soldaten, die gegen sie ankämpfen. Furcht entsteht durch Dunkelheit, durch Unwissenheit. Wenn wir einen Raum betreten, der in tiefster Dunkelheit liegt, fürchten wir uns. Doch sobald wir das Licht anmachen, wird die Dunkelheit erleuchtet und unsere Furcht verschwindet.

Warum Furcht und Angst existieren

Furcht kann verschiedene Ursachen haben, doch zumeist entsteht sie aus unserem Gefühl des Getrenntseins. Wenn ich das Gefühl habe, dass du zu mir gehörst, ein Teil meiner selbst bist, dann habe ich keine Angst vor dir, wie stark und mächtig du auch sein magst. Ein Kind fürchtet sich nicht vor der Stärke seines Vaters. Der Vater ist vielleicht einen Meter neunzig groß, kräftig gebaut und muskulös. Jeder hat Angst vor seiner körperlichen Kraft, doch das Kind geht einfach auf seinen Vater zu und spielt mit ihm. Wie stark der Vater auch sein mag, das Kind fürchtet sich nicht vor ihm, weil es sein inneres Einssein mit ihm entwickelt hat. Es betrachtet die Stärke des Vaters als seine eigene.

Wir empfinden die Welt um uns herum oft als furchterregend und bedrohlich. Sie ruft unnötige Angst in unserem Verstand oder unserem Dasein hervor. Warum? Weil wir unsere Einsseins-Wirklichkeit mit ihr noch nicht hergestellt haben. Furcht oder Angst machen sich breit, wenn unser Gefühl des Getrenntseins die Oberhand hat. Furcht existiert, weil wir bewusst oder unbewusst von der alldurchdringenden Wirklichkeit, die wir ewig sind, getrennt bleiben wollen.

Furcht ist unser wahrer Feind.
Was macht sie?
Sie bestellt unseren Sarg, lange bevor
unsere letzte Stunde gekommen ist.

Frei sein von Furcht

Furcht kann in allen Teilen unseres Wesens wohnen: in unserem Körper, in der Lebensenergie, im Verstand und im Herzen. Was wir brauchen, um unseren Körper von Furcht zu befreien, ist die machtvolle Erfahrung unserer Seele. Was wir brauchen, um unsere Lebensenergie von Furcht zu befreien, ist die dynamische Ausdehnung unserer Seele. Was wir brauchen, um unseren Verstand von Furcht zu befreien, ist die verwandelnde Erleuchtung durch unsere Seele. Was wir schließlich brauchen, um unser Herz von Furcht zu befreien, ist die erfüllende Vollkommenheit unserer Seele.

Im allgemeinen erfahren wir Furcht im Verstand und nicht im Herzen. Das strebende Herz weiß, wie es sein untrennbares Einssein mit der Wirklichkeit innen und außen herstellen kann. Doch dem zweifelnden, misstrauischen und spitzfindigen Verstand fällt es schwer, die Wirklichkeit, die unmittelbar vor uns erblüht, zu akzeptieren. Der Verstand misstraut der Wirklichkeit, die vor ihm steht. Und schließlich kommt sogar der Augenblick, da der Verstand zu seiner eigenen Überraschung sein eigenes Urteil anzweifelt. Zu diesem Zeitpunkt verspürt der Verstand ein überwältigendes Gefühl der Unzufriedenheit. Einst war er der Richter, und nun ist er zum Opfer seiner eigenen Urteile geworden. Das Herz hingegen versucht von Anfang an, sich mit der Wirklichkeit, die es umgibt, zu identifizieren. Durch seine Identifikation mit dieser Wirklichkeit nimmt es auf, was diese Wirklichkeit ist und wofür sie steht. Sobald wir im strebenden Herzen leben, im Herzen, das sich nach der alldurchdringenden Einsseins-Wirklichkeit sehnt, kann die Qual der Furcht leicht ein Ende finden.

Um die Furcht, die im Verstand wohnt, zu überwinden, müssen wir unseren Verstand täglich leer machen. Unser Verstand ist voller Zweifel, Dunkelheit, Unwissenheit, Misstrauen und anderer Dinge. Versuche früh am Morgen ungefähr zehn Minuten lang, keinen einzigen Gedanken zu haben, ob gut oder schlecht, göttlich oder ungöttlich. Wenn ein Gedanke kommt, lass ihn nicht ein. Nach einiger Zeit kannst du dann nur den göttlichen Gedanken, die deine Freunde sind, Einlass gewähren. Anfangs weißt du vielleicht nicht, welcher Gedanke dein Freund und welcher dein Feind ist, deshalb solltest du sehr vorsichtig sein. Deine Freunde sind göttliche Gedanken, aufbauende, erleuchtende Gedanken, die die Furcht in deinem Verstand besiegen können. Stell dir deinen Verstand wie ein Gefäß vor. Leere ihn zuerst und warte dann, bis Frieden, Licht und Seligkeit herabkommen. Wenn du das Gefäß nicht zuerst leer machst, können Frieden, Licht und Seligkeit nicht hineinströmen.

> *Nichts zwingt dich,*
> *in hilfloser Sklaverei zu zittern.*
> *Lege einfach*
> *den von Gott gegebenen Mut*
> *inneren Strebens an.*

Angst vor dem Versagen

Um die Angst vor dem Versagen oder vor Erfolglosigkeit zu überwinden, solltest du dir bewusst sein, was Versagen bedeutet und was es bewirken kann. Die Angst wird verschwinden, sobald du erkennst, dass eine Niederlage nichts Beschämendes, Zerstörerisches oder Schmerzhaftes, sondern etwas Natürliches ist. Wenn ein Kind zu laufen beginnt, stolpert es immer wieder und fällt zu Boden. Doch es hat nicht das Gefühl, dass das Hinfallen ein Versagen wäre. Für das Kind ist es ein natürlicher Vorgang, dass man einen Augenblick lang aufrecht steht und dann wieder hinfällt.

Wenn du Versagen nicht als etwas betrachtest, das im Widerspruch zur Wirklichkeit steht, sondern als etwas, das die Wirklichkeit gestaltet und zur Wirklichkeit wird, dann wirst du dich nicht davor fürchten. Wir betrachten Versagen als etwas, das unserer Erwartung zuwiderläuft, doch Versagen ist etwas, das uns vorwärts treibt. Was wir Versagen nennen, ist in Gottes Augen nichts anderes als eine Erfahrung. Wir dürfen ein Versagen oder einen Fehlschlag nie als etwas Abgeschlossenes oder als den Endpunkt einer Erfahrung betrachten, sondern vielmehr als einen Teil unseres Erfahrungsprozesses.

Nehmen wir an, du hast sehr hart gearbeitet, um ein bestimmtes Ziel zu erreichen, aber deine Bemühungen schlagen fehl. Anstatt dich von Wogen der Enttäuschung und der Verzweiflung überwältigen zu lassen, solltest du versuchen, den göttlichen Sinn in deinem Tun zu erkennen. Vielleicht half es dir, deine Geduld, deine Weisheit und andere göttliche Eigenschaften zu stärken. Wenn du diese Haltung einnimmst, wirst du über die niederschmetternden Schläge von Niederlagen hinausgehen können.

Angst vor dem inneren Leben

Manche Menschen haben sogar Angst vor dem spirituellen Leben. Wenn sie die wahre Bedeutung von Spiritualität kennen würden, würden sie es sofort annehmen. Spiritualität zeigt uns unser Ziel, und dieses Ziel ist die Verwirklichung des Unendlichen in uns.

Vielleicht hast auch du Angst vor dem inneren Leben. Möglicherweise glaubst du, dass du dir in dem Augenblick, wo du dich auf das innere Leben einlässt, so verloren vorkommen wirst, wie ein Kind im tiefsten Wald. Oder du denkst, das innere Leben anzunehmen bedeutet, Luftschlösser zu bauen. Vielleicht hast du schließlich sogar das Gefühl, dass du dich in den Rachen eines brüllenden Löwen wirfst, der dich mit Haut und Haaren verschlingen wird, wenn du das innere Leben annimmst. Du hast zahllose süße Träume, die du noch verwirklichen willst, und du glaubst, dass du all dessen beraubt sein wirst, wenn du dich auf das innere Leben einlässt. Und so beginnst du natürlich, vor ihm zurückzuschrecken.

Doch das innere Licht kann dich nie enttäuschen. Es ist die Dunkelheit, die uns enttäuscht. Wenn du im Meer des Lichts badest, wirst du nicht verloren sein. Versuche während deiner Meditation und während deiner wachen Stunden bewusst zu fühlen, dass du in das innere Licht hineinwächst. Wenn du in dieses innere Licht hineinwächst, wird dein Gefühl der

Angst und der Furcht verschwinden. Du bist aus dem inneren Licht ins Dasein getreten und jetzt wirst du dir dieses Lichtes stärker gewahr.

Wenn du Angst hast, mit ganzem Herzen in das spirituelle Leben einzutreten, dann versuche festzustellen, ob die äußere Welt dich jemals wirklich befriedigen kann. Nimm dir an einem Tag nach einer sehr guten Meditation einige Augenblicke Zeit, um dich mit deinen Freunden und anderen Menschen zu identifizieren, die kein inneres Leben führen. Einige von ihnen mögen sehr reich und wohlhabend sein, andere mögen eine große Familie haben, doch hat ihnen ihr Leben echtes Glücklichsein gebracht oder vor allem Enttäuschung und Sorgen? Betrachte dann dein eigenes Leben. Du besitzt vielleicht keine Millionen, aber du bist der glücklichste Mensch. Was hat dich so glücklich gemacht? Dein inneres, seelenvolles Streben und deine Meditation.

Das spirituelle Leben kann niemals ein künstliches Leben sein. Spiritualität ist etwas Natürliches und Spontanes. Spiritualität sagt uns, dass wir uns nicht von Frustration, Furcht und Ängsten fesseln zu lassen brauchen. Sie sagt uns, dass, auch wenn unser äußeres Leben voller Leid, Enttäuschungen, Niederlagen und Begrenzungen sein sollte, es gleichermaßen wahr ist, dass wir in uns ein ideales Leben tragen, das voller Harmonie, Vollkommenheit und Erfüllung ist. Das innere Leben will freudig, fröhlich und hingebungsvoll die lebendige Brücke zwischen unserem gegenwärtigen Leben und unserem idealen Leben sein.

Wenn du den aufrichtigen Mut besitzt,
zu erklären, dass du völlig verloren bist,
dann besitzt Gott das bedingungslose Mitleid,
dir den Weg zum Ziel der Erfüllung zu zeigen.

Meditation überwindet Furcht und Angst

Meditation ist eindeutig der beste Weg, Furcht und Angst zu überwinden. In der Meditation versuchen wir, uns mit der Weite, mit dem Absoluten zu identifizieren. Wir fürchten uns vor einem Menschen oder vor einer Sache, weil wir nicht fühlen können, dass der Betreffende oder die Sache ein Teil unserer selbst sind. Wenn wir jedoch unser bewusstes Einssein mit dem Absoluten hergestellt haben, fühlen wir, dass alles ein Teil von uns ist. Und wie können wir uns vor uns selbst fürchten?

Wenn wir vor jemandem Angst haben, dann deshalb, weil wir unser Bewusstsein nicht so weit ausgedehnt haben, dass es diesen Menschen mit einschließt, weil der andere für uns ein Fremder ist. Ich fürchte mich vor keinem meiner Körperteile, weil ich sie alle als mein eigen betrachte. Wenn wir Spiritualität praktizieren, versuchen wir unser Bewusstsein so weit auszudehnen, dass es die ganze Welt durchdringt. Mit unserem Bewusstsein werden wir eins, vollkommen eins mit dem Universum. Wenn wir vollkommen eins mit dem Universum werden, kann es für uns keine Furcht und keine Angst mehr geben.

Das grundlegende Ziel der Meditation ist, unser Bewusstsein zu vereinen, auszudehnen, zu erleuchten und unsterblich zu machen. Wenn wir uns mit unseren Freunden unterhalten oder unseren gewohnten Tätigkeiten nachgehen, sind wir uns in der Regel unserer inneren Göttlichkeit nicht gewahr. Wenn wir meditieren, versuchen wir jedoch bewusst, uns unserer inneren Göttlichkeit gewahr zu werden. Die Göttlichkeit fürchtet sich nicht vor der menschlichen Natur, denn die Göttlichkeit besitzt unendliche Macht. Wenn wir freien Zugang zur Göttlichkeit haben, wenn unser ganzes Dasein innen und außen von der grenzenlosen, unendlichen Macht der Göttlichkeit erfüllt ist, wie können wir uns da vor dem Menschlichen fürchten? Es ist unmöglich!

Wie kannst du Furcht besiegen?
Setze dich zu Füßen
deines erleuchtenden Bewusstseinslichtes.
Dieses Licht besitzt die diamantene Willenskraft,
dich zu beschützen, zu vervollkommnen
und zu befreien.

Gott, die Liebe

Wo Liebe, wahre Liebe ist, kann es keine Furcht geben. Warum fürchten wir uns? Wir fürchten uns, weil wir uns von Gottes Liebe abgeschnitten haben und wir eher an Gott den Allmächtigen denken als an Gott den All-Liebenden. Doch selbst der allmächtige Gott ist kein Gott, der uns droht oder uns mit einem Stock schlägt, sobald wir einen Fehler machen.

Gott, den Tyrannen gibt es nicht. Es gibt nur einen Gott, und dieser Gott ist Gott die Liebe. Dieser Gott straft uns nicht. Dieser Gott formt uns beständig auf Seine eigene Weise. Er allein ist der Handelnde, Er allein ist die Handlung und Er allein ist der Erfahrende, sowohl in der Handlung als auch in ihrem Ergebnis. Wir glauben, dass wir selbst die Handelnden sind und dass Gott uns gnadenlos bestrafen wird, wenn wir etwas falsch machen. Doch dem ist nicht so. Jeder einzelne Mensch trägt Gottes Traum in sich. Jeder einzelne Mensch muss Gottes Wirklichkeit hier auf der Erde manifestieren. In jedem Menschen lebt Gottes Wirklichkeit.

Warum sollten wir uns vor irgendetwas oder irgendjemandem fürchten, wenn wir zu Gott dem Allmächtigen beten und auf Gott den Allmächtigen meditieren? Ein Kind ist überzeugt, dass seine Mutter alle Macht der Welt besitzt. Wenn ein Kind sich vor etwas fürchtet, läuft es zu seiner Mutter, weil es weiß, dass seine Mutter tiefste Zuneigung für es empfindet. Du bist ein spirituelles Kind Gottes. Wenn du von Furcht angegriffen wirst, versuche sofort zu deinem geliebten Supreme zu laufen, der voller Mitgefühl, Liebe und Segen ist. Da du ein Sucher bist, solltest du keine Furcht kennen, denn du suchst Zuflucht in der unendlichen Zuneigung des Absoluten Supreme.

Die Geschichte von Gandhi Buri

Mut ist der äußere Ausdruck unseres unbezwingbaren inneren Willens. Wenn du dir vorstellen kannst, dass du ein auserwähltes, heldenhaftes Instrument des Höchsten bist, kannst du von deinem inneren Streben Mut erhalten. Schon allein das Wort „Held" und die Vorstellung von Heldenhaftigkeit, kann dir Mut verleihen. Andererseits ist seelenvolles inneres Streben an sich bereits Mut. Nur ein mutiger Mensch kann innerlich streben. Wenn wir inneres seelenvolles Streben besitzen, besitzen wir inneren Mut. Gegen inneren Mut kämpft selbst der Tod vergebens.

Zur Zeit der britischen Herrschaft lebte eine außergewöhnlich patriotische Frau in Indien. Sie war eine große Bewunderin des angesehenen indischen Führers Mahatma Gandhi. Allein sein Name bedeutete für sie ein Meer von Inspiration. Obwohl sie dreiundsiebzig Jahre alt war, vollbrachte sie viele patriotische Taten, die dem indischen Volk die Hoffnung gaben, die Briten eines Tages aus dem Land zu vertreiben. Wegen ihrer Bewunderung für Mahatma Gandhi wurde sie *Gandhi Buri* genannt, wobei *buri* ‚alte Dame' bedeutet.

1942 wurde Mahatma Gandhi verhaftet, und ganz Indien war außer sich. Überall im Land organisierten die Leute Demonstrationsmärsche mit dem Aufruf „Verlasst Indien" – Gandhis Aufforderung an die britische Regierung. Am Tag nach Gandhis Verhaftung nahm Gandhi Buri an einem Marsch zu einer Polizeistation teil. Die Menschen in dieser Demonstration wollten die britische Fahne, die über der Polizeistation gehisst war, herunterholen und die indische Fahne an ihre Stelle setzen.

Die Polizei stellte sich ihnen in den Weg und warnte die Demonstranten, dass sie erschossen würden, wenn sie noch einen Schritt weiter gingen. Alle blieben stehen, außer Gandhi Buri. Sie entriss einem Jungen die indische Fahne und lief auf das Gebäude zu. Zuerst lachten die Polizisten über sie. „Genug!" riefen sie. „Es reicht. Verschwinde von hier, alte Frau. Wir wollen dich nicht töten!"

Sofort erwiderte Gandhi Buri: „Tötet mich doch! Ich habe keine Angst. Ich will mein Mutterland Indien befreien!"

Sie lief auf die Treppe zu, die auf das Dach der Polizeistation führte. Bevor sie jedoch die Stufen erreichen konnte, schoss die Polizei auf sie. In der rechten Hand hielt sie noch die Fahne, während sie das Motto der indischen Unabhängigkeit wiederholte: „Bande Mataram, Bande Mataram, Bande Mataram" – „Mutter, ich verbeuge mich vor dir." Dann starb sie.

Diese alte Frau war so mutig, dass sie ihr Leben für ihr Land gab. Von diesem Tag an widmeten viele der Menschen, die an dieser Demonstration teilgenommen hatten, ihr Leben der Freiheit Indiens.

Wenn wir aufrichtig genug sind, tief nach innen zu gehen und zu fühlen, dass wir inneren Mut besitzen, dann kann innerer Mut jederzeit zum Vorschein kommen. Wenn wir unseren unerschütterlichen Willen benutzen, über den wir leicht gebieten können, können wir den Atem der Furcht besiegen.

Um aus jeder Prüfung siegreich hervorzugehen,
brauchen wir inneren Mut.
Innerer Mut ist die ständige Annahme und
Erfüllung von Gottes Willen.

Kapitel 5

Das Juwel der Demut

Mein Ego redet.
Meine Demut handelt.

Demut ist das wahre Geheimnis des spirituellen Lebens. Wenn wir Demut besitzen, werden wir unser Leben weder unterschätzen noch überschätzen. Demut bedeutet nicht, jemandes Füße zu berühren. Demut ist unser Gefühl eines geweihten Einsseins mit der Menschheit. Echte Demut besteht in der Ausdehnung unseres Bewusstseins. Sie ist das Gottleben in uns. Je höher wir emporsteigen, desto größer ist unser Versprechen an den Supreme in der Menschheit. Je mehr Licht wir durch unsere Demut erhalten, desto mehr haben wir der Menschheit anzubieten. Wenn wir wirklich etwas zu geben haben, und wenn wir es mit einem Gefühl innerer Hingabe anzubieten bereit sind, dann kommt Demut von selbst hervor. Wenn wir etwas erreichen, müssen wir stets daran denken, demütig zu bleiben, um auf diese Weise der Menschheit besser dienen zu können. Indem wir selbstlos geben, werden wir wahrhaft glücklich.

Wenn wir in unserem menschlichen Leben etwas erreichen, dringen augenblicklich Stolz, Eitelkeit und viele andere Kräfte in uns ein. Wir loben uns selbst in den Himmel. Oder aber Unsicherheit kommt zum Vorschein. Wie mächtig, wie reich oder wie klug wir auch immer sein mögen, wir fühlen uns nicht völlig sicher. Wenn wir jedoch regelmäßig und mit Hingabe meditieren, erhalten wir Frieden, Licht und Seligkeit im Überfluss. Wenn wir diese Eigenschaften erhalten, fühlen wir spontan, dass es unsere innere Pflicht ist, mit dem Rest der Welt untrennbar eins zu werden. Zu diesem Zeitpunkt entwickeln wir echte Demut.

Großes *Ich*, kleines *ich*

Das Ego, das kleine *ich*, ist äußerst begrenzt. Es sucht beständig nach etwas anderem als sich selbst. Die ureigenste Natur des Egos besteht darin, unbefriedigt und unzufrieden zu sein. Es ist niemals mit dem zufrieden, was es besitzt oder was es ist, weil es immer das Gefühl hat, die Wahrheit sei irgendwo anders.

Das große *Ich*, das Selbst, sucht nichts, denn es birgt alles in sich selbst. Wir können das universelle Selbst mit unseren mentalen Begriffen nicht definieren. Wir können es nur durch unser inneres seelenvolles Streben verwirklichen.

Das kleine *ich* wird uns immer das Gefühl geben, dass wir als Individuum sehr wichtig sind. Doch wenn für uns nur unsere eigene Selbstvervollkommnung von Bedeutung ist und wir die Welt um uns ignorieren, sind wir völlig verloren. Unser größeres Selbst sagt uns, dass wir Teil des Unendlichen, des Ewigen und des Unsterblichen sind. Wenn wir uns mit dem Absoluten identifizieren, liegt uns die vollständige Vervollkommnung von Gottes gesamter Schöpfung am Herzen.

Jetzt, da du deine wahre Schwäche,
Vulkan-Stolz, durchschaust,
bist du bereit,
deine wahre Stärke zu entdecken:
Einsseins-Liebe.

Helfen oder Dienen?

Wir sollten vorsichtig sein, wenn wir den Ausdruck *helfen* verwenden. Benützen wir stattdessen lieber das Wort *dienen*. Wenn wir jemandem dienen, haben wir Demut. Doch wenn wir das Gefühl haben, dass wir jemandem helfen, stellen sich sofort Stolz, Eitelkeit und Ego ein. Wenn wir helfen, haben wir das Gefühl, größere Fähigkeiten zu besitzen als der andere, und wenn wir Hilfe erhalten, fühlen wir, dass unsere Fähigkeiten geringer sind. Im Wort *helfen* steckt das Gefühl von Überlegenheit und Unterlegenheit. Wenn wir jedoch seelenvoll dienen, kann es keinen Stolz geben, denn wir fühlen uns nicht überlegen. Wir fühlen, dass wir dem Höchsten im anderen dienen. Wenn wir dienen, lassen wir den anderen die Gegenwart des Supreme in ihm selbst fühlen. Wahrer Dienst geschieht in Demut und ist nur möglich mit echtem und beständigem inneren Streben.

Wenn wir in der Welt leben und für die Welt arbeiten möchten, sollte unsere Haltung eine Haltung selbstlosen Dienens sein. Wir haben eine goldene Gelegenheit erhalten, anderen zu dienen, und dafür sollten wir Gott dankbar sein.

Den Ego-Dieb fangen

Wie können wir uns vom Ego befreien? Stell dir vor, dass dein Ego ein Dieb in deinem Innern ist. Was tust du, wenn du einen Dieb ertappst? Du versuchst ihn zu fangen. Wenn du beginnst, dein Ego zu verfolgen, dann wirst du eines Tages fähig sein, es zu ergreifen. Es mag nicht sofort geschehen, doch wenn du weißt, dass etwas gestohlen wurde und du den Dieb gesehen hast, wirst du fortfahren den Schuldigen zu suchen. Eines Tages wird deine Suche belohnt werden. Und was geschieht, wenn du den Ego-Dieb erwischst? Du wirst augenblicklich fähig sein, über ihn hinauszugehen. In der Läuterung und Transformation des Egos liegt die bewusste Evolution und die wahre Erfüllung des Menschen.

Es gibt noch einen anderen Weg, das Ego zu überwinden. Nehmen wir einmal an, du bist ein guter Sänger und du bist sehr stolz auf deine Stimme. Stell dir selbst die Frage, ob du bei weitem der beste Sänger auf Erden bist. Deine Antwort wird *nein* sein, denn es gibt viele Sänger, die besser singen als du. Falls du studiert hast und ein großer Gelehrter geworden bist, hast du vielleicht das Gefühl, mit allem Grund stolz zu sein. Doch wenn du dich aufrichtig fragst, ob du der größte Gelehrte auf Erden bist, wird deine Antwort sofort *nein* sein. Es gibt Menschen, die dir an Wissen und Weisheit weit überlegen sind.

Wenn du glaubst, du siehst wirklich gut aus, dann frage dich aufrichtig, ob du tatsächlich der schönste Mensch in Gottes Schöpfung bist. Wieder wird die Antwort *nein* sein. Worauf auch immer du stolz sein magst, frage dich, ob es irgendjemanden gibt, der dir überlegen ist. Du wirst feststellen, dass es viele, viele Menschen gibt, die dir in jedem Lebensbereich weit überlegen sind. Wie kannst du deinen Stolz aufrechterhalten, wenn du dir einmal dieser Tatsache bewusst geworden bist?

Wenn du dich dauerhaft von Eitelkeit, Ego und Stolz befreien willst, dann tauche tief in das Meer der Spiritualität. Dort wirst du dein wahres Selbst entdecken. In deiner Selbst-Entdeckung wird das Ego mit all seinen Begrenzungen nicht mehr atmen können. Wenn Frieden, Licht und Seligkeit von oben herabkommen, verschwinden Eitelkeit, Stolz und Ego.

Die rechte und die linke Hand

Wenn du dein Einssein mit anderen herstellst, dehnst du augenblicklich dein Bewusstsein aus. Wenn jemand eine Sache gut gemacht hat, solltest du fühlen, dass du derjenige bist, der sie getan hat. Dasselbe sollten andere fühlen, wenn du etwas Bedeutendes vollbracht hast. Wann immer ein Mensch etwas Besonderes erreicht, sollten wir fühlen, dass es unsere gemeinsame Inspiration und unser gemeinsames Streben sind, die es dem Betreffenden ermöglicht haben, diesen Erfolg zu erringen. Wenn wir stets eine Teamwork-Haltung einnehmen können, werden wir in der Lage sein, das Ego zu überwinden.

Ego entsteht aus dem Gefühl des Getrenntseins. Wie kann es ein Ego geben, wenn wir unser wirkliches inneres Einssein fühlen? Wo ist das Bewusstsein des *Ich*, wenn du das, was ich tue, als dein Eigen betrachten kannst? Wo ist das Bewusstsein des *Du*, wenn ich, was immer du tust, als mein Eigen betrachten kann? Es ist verschwunden – aufgegangen in unserem beiderseitigen Gefühl des Einsseins. Wenn wir uns mit anderen Menschen identifizieren, fühlen wir unser Einssein mit ihnen, und der Geist des Wettbewerbs verschwindet aus unserem Leben. Dann kann es kein Ego mehr geben.

In der Leichtathletik sehen die Zuschauer zum Beispiel, wie ein Sportler die Kugel mit seiner rechten Hand sehr weit stößt. Jeder hat gesehen, dass der Sportler seine rechte Hand einsetzte, aber niemand wird ihm vorwerfen, dass er nur die rechte und nicht die linke Hand benutzte. Die linke hat die Kugel nicht gestoßen. Doch wenn die linke Hand oder irgendein anderer Körperteil seine Mitarbeit verweigert hätten, wäre keine Koordination des Körpers möglich gewesen. Wenn man mit der rechten Hand die Kugel stößt, ist eine Gegenbewegung der linken Hand notwendig, und die Füße müssen für die Aufrechterhaltung des Gleichgewichts sorgen.

Mein kleiner Finger ist ein Teil meines Körpers, doch ich denke mehr an meinen Körper als Ganzes als an meinen kleinen Finger. Wenn ich an den Körper denke, wird mein kleiner Finger automatisch mit der notwendigen Menge an Anteilnahme versorgt, eben weil er eins ist mit dem Körper als Ganzes. Er trennt sein Dasein und sein Bewusstsein nicht vom restlichen Körper. Wenn ich mich in den Finger schneide, empfindet mein ganzer Körper den Schmerz. Wenn der Körper Nahrung erhält, kann der kleine Finger seine Kraft erhalten oder nimmt an Kraft zu. Er kann sich nicht isolieren. Der Körper kümmert sich automatisch um den kleinen Finger, aufgrund seines untrennbaren Einsseins.

In gleicher Weise ist das menschliche Bewusstsein Teil des universellen Bewusstseins. Wir sollten das universelle Bewusstsein immer vor Augen haben, was immer wir auch gerade tun mögen, ob wir essen, singen oder arbeiten. Wenn wir uns das universelle Bewusstsein als den Körper und unser individuelles menschliches Bewusstsein als den kleinen Finger vorstellen, können wir uns leicht mit dem universellen Bewusstsein identifizieren. Im universellen Bewusstsein dehnt sich alles ständig aus und wächst in ein höheres und erfüllenderes Licht.

Ich werde mit allen spielen,
an dem Tag, an dem ich mit Dir spiele.
Ich werde mit allen Herzen verschmelzen,
an dem Tag,
an dem ich mit Dir verschmelze.

Menschlicher Stolz und göttlicher Stolz

Stolz kann in unterschiedlicher Gestalt auftreten. Jemand ist in der Schule gut gewesen und ist jetzt stolz darauf. Jemand hat im Sport einen Preis gewonnen und ist stolz auf seine Errungenschaft. Jemand hat auf einem anderen Gebiet Hervorragendes geleistet und ist selbstverständlich stolz darauf. In menschlichem Stolz ist immer das Ego mit anwesend. Ich bin stolz, weil *ich* etwas getan habe, weil *mein* Freund oder *mein* Bruder etwas getan hat. Es geht immer um *mich und mein.*

Es gibt aber auch etwas, das man göttlichen Stolz nennt. Göttlicher Stolz entsteht durch unser Einssein mit Gott. Kraft seines höchsten Bewusstseins sagte Jesus Christus: „Ich und der Vater sind eins." Wie konnte er das sagen? Seine göttliche Aussage gründete sich auf die innere Verwirklichung seines untrennbaren Einsseins mit Gott, dem ewigen Vater. Für die meisten Menschen ist Gott nur eine verschwommene Vorstellung. Sie glauben, dass Gott in weiter Ferne irgendwo hoch oben im Himmel ist, oder zumindest nicht dort, wo sie selbst sind. Doch für Jesus Christus war Gott eine lebendige Wirklichkeit.

Wir müssen uns bewusst sein, mit welcher Art von Stolz wir es zu tun haben – mit dem Stolz, der uns bindet, oder dem Stolz, der uns befreit. Menschlicher Stolz sagt: „Ich und mein – hier endet die Wirklichkeit." Göttlicher Stolz sagt: „Gott gehört mir. Der Allmächtige, Unendliche gehört mir. Wie kann ich mich da an irgendetwas Begrenztes oder Begrenzendes binden?" Göttlicher Stolz bindet nicht, er befreit. Er ist unser Gefühl des untrennbaren Einsseins mit der unendlichen Weite. Wenn unser menschlicher Stolz hervortritt, müssen wir uns daran erinnern: „Ich bin Gottes Kind. Wie kann ich so etwas tun? Wie kann ich so gemein, so selbstsüchtig, so ungöttlich sein? Das ist unter meiner Würde." Göttlicher Stolz ist wunderbar, er wird uns immer helfen.

Ein Tropfen und der Ozean

Wir verbinden die Vorstellung von Sicherheit normalerweise mit einer Errungenschaft, einer Leistung oder einem Besitz auf der physischen Ebene. Doch Besitz oder Errungenschaft können niemals ein dauerhaftes Gefühl von Sicherheit schaffen. Das ist völlig unmöglich! Selbst der Präsident der Vereinigten Staaten, der das höchste Amt bekleidet, kann in jedem Augenblick wie ein flatterndes Blatt hinweggeweht werden. Sicherheit gibt es nur, wenn wir unser ständiges Einssein mit unserer Seele errichtet haben.

Wenn wir mit unserer Seele eins werden wollen, müssen wir uns immer unserer Quelle bewusst sein, die ewiger Friede, ewiges Licht und ewige Seligkeit ist. Wenn unsere Quelle etwas Göttliches, Ewiges und Unendliches ist, wie können wir uns da unsicher fühlen? Ein Mensch fühlt sich unsicher, wenn er sich von Dunkelheit umgeben sieht. In der Nacht fürchtest du dich, weil es dunkel ist. Wir müssen uns immer der Tatsache bewusst sein, dass das Sein, das in uns und um uns herum ist, reines Licht ist, und dieses Licht ist unsterblich. Die Wirklichkeit in unserem Innern ist göttlich und ewig. Wie können wir uns unsicher fühlen, wenn wir etwas Ewiges in uns tragen, das an uns denkt und für uns sorgt?

Wenn du dir dauerhaft bewusst werden kannst, dass du von der höchsten Quelle kommst, dass du aus Licht und Glückseligkeit kommst, und dass es dein letztendliches Ziel ist, wieder zu Licht und Glückseligkeit zurückzukehren, dann wirst du kein Gefühl von Unsicherheit haben. Solange der winzige Tropfen seine Individualität und sein Getrenntsein aufrecht erhält, wird er unsicher sein. Die Wellen und Wogen des Ozeans werden ihn zu Tode erschrecken. Doch wenn der winzige Tropfen bewusst in den Ozean eingeht, wird er selbst zum Ozean. Dann fürchtet er sich vor nichts mehr.

Jenseits von Worten und Gedanken
taucht mein Herz in den Fluss ewig strahlenden Lichts.
Zahllose Türen, seit Äonen verschlossen,
sind heute weit aufgetan.

Demut und Stärke

Demut ist kein Zeichen von Feigheit. Seelenvolle Demut ist vielmehr eine Form göttlicher Kraft. Demut ist die Stärke der Seele. Was wir im Himmel *Demut* nennen, nennen wir auf der Erde *Stärke*. Wenn sich die Kraft der Seele offenbart, tut sie es durch Demut.

Der Kraft im Physischen, der Kraft in der Lebensenergie und der Kraft im Verstand fällt es schwer, demütig zu sein. Doch für die Kraft im Herzen ist es sehr leicht, demütig zu sein. Die Kraft des Herzens besitzt das Gefühl des Einsseins.

Wie ist es möglich, Kraft und Demut zugleich zu besitzen? Wir brauchen nur an eine Mutter zu denken. Eine Mutter ist viel stärker und weiser als ihr Kind. Aber die Mutter empfindet es nicht als unter ihrer Würde, die Füße des Kindes zu berühren. Sie weiß, dass sie es aus ihrem völligen Einssein mit ihrem Kind heraus tut. Die Mutter ist sehr groß, doch wenn sie ihrem Kind etwas zu Essen geben will, beugt sie sich zu ihm herab. Die Liebe des Kindes wird dadurch, dass sie sich herabbeugt, nicht geringer. Im Gegenteil, sie nimmt sogar beträchtlich zu. Das Kind sieht, wie groß seine Mutter ist und dass sie leicht auf ihrer Höhe bleiben könnte, während das Kind sich anstrengt, größer zu werden. Doch in ihrer Güte tut sie das nicht. Sie empfindet keine Überlegenheit, nur ein Gefühl des Einsseins. Demut bedeutet Einssein mit der Welt. Durch unsere Demut werden wir weit. Und Weite wiederum ist Kraft.

Wir müssen erkennen,
dass es nur einen Weg gibt,
unendliche Möglichkeiten zu erlangen:
Dieser Weg liegt in der größten Kraft:
Demut.

Gott klopft nur an die Herzenstüre der Demut

Vor vielen Jahren ging ein Sucher bei einer Versammlung auf den großen indischen Meister Swami Bhaskarananda zu und stellte ihm einige Fragen. Bhaskarananda hatte alle anderen Fragen beantwortet, aber er war nicht bereit, die Fragen dieses Suchers zu beantworten. Stattdessen beleidigte er ihn und schickte ihn weg.

Alle waren entsetzt über das Verhalten des Meisters, und der Sucher ging sehr traurig nach Hause. In der Nacht hatte er jedoch einen Traum, und in diesem Traum beantwortete Swami Bhaskarananda alle seine Fragen mit größter Zuneigung.

Am nächsten Tag erzählte der Sucher den anderen, warum der Meister seine Fragen nicht vor allen Leuten beantwortet hatte. Die anderen hatten ihre Fragen mit höchster Aufrichtigkeit und Demut gestellt, doch er war voller Stolz gewesen. Aus diesem Grund hatte Swami Bhaskarananda ihn beleidigt, anstatt auf seine Fragen zu antworten. In der Nacht hatte Swami Bhaskarananda ihm vergeben und beantwortete ihm seine Fragen im Traum. Der Sucher war sehr erfreut über die Antworten und er war Swami Bhaskarananda zutiefst dankbar dafür, dass er seinen Stolz erleuchtet hatte.

Stolz trennt, Demut vereint. Stolz ist die Schau eines blinden Menschen. Demut ist die Schau eines Gott-Menschen. Ein Meister weiß, dass ein Sucher, der voller Stolz ist, nichts aufnehmen kann. Demut ist Aufnahmefähigkeit im wahrsten Sinn des Wortes. Demut heißt sowohl Gott den Schöpfer als auch Gott die Schöpfung in ihrem ewig sich ausdehnenden Leben und ewig emporsteigenden Herzen willkommen.

Wahre und falsche Demut

Demut bedeutet nicht falsche Bescheidenheit. Demut bedeutet nicht, in der hintersten Reihe zu sitzen. Wenn du dich bewusst und absichtlich nach hinten setzt, um anderen zu zeigen wie demütig du bist, bist du ganz und gar nicht demütig.

Falsche Demut ist das, was ein Sklave seinem Herrn gegenüber zeigt. Ein Sklave weiß, dass sein Herr ihn bestrafen wird, wenn er ihm nicht blind gehorcht und diese Art äußerlicher Demut zeigt.

Wahre Demut ist etwas völlig anderes. Sie ist das Gefühl des Einseins. Demut bedeutet, anderen Freude zu schenken. Hier auf der Erde wollen wir Freude erfahren. Doch wie können wir Freude erhalten? Wahre Freude erhalten wir, indem wir uns selbstlos geben, nicht indem wir besitzen oder unsere Überlegenheit zeigen. Wenn wir anderen ermöglichen, Freude zu empfinden, fühlen wir, dass unsere eigene Freude vollständiger, vollkommener, göttlicher wird. Indem wir anderen das Gefühl geben, sie seien entweder genauso wichtig oder sogar wichtiger als wir, zeigen wir unsere wahre Demut.

Jemand, der die Bedeutung der Demut erkannt hat, ist wahrhaft göttlich. Demut ist wahre Göttlichkeit. Demut ist das Licht unserer Seele, das sich in alle Richtungen ausbreitet. Wenn das Licht der Seele durch das physische Wesen aus absolutem Einssein mit allen Menschen zum Ausdruck kommt, dann ist das göttliche Demut. Nichts kann in einen Menschen so still und zugleich so überzeugend eindringen wie Demut.

Durch Demut können wir in unserer Meditation am tiefsten tauchen und am höchsten emporsteigen. In der Demut ist Einssein, und im Einssein ist unsere göttliche Wirklichkeit.

Bleibe ungesehen,
bleibe ungerühmt.
Du und nur du allein
wirst schneller als der Wind
laufen können.

Die Demut der Natur

Wenn du der Welt wirklich etwas zu geben hast, dann kannst du wahrhaft demütig werden. Ein Baum, der noch keine Früchte trägt, steht aufrecht. Doch wenn der Baum mit Früchten beladen ist, neigt er sich zur Erde. Wenn du nur aus Stolz und Ego bestehst, wird niemand etwas Bedeutsames von dir erhalten können. Wenn du jedoch echte Demut besitzt, ist das ein Zeichen, dass du der Menschheit etwas anzubieten hast.

Wie kannst du demütig werden? Du kannst auf einen Baum meditieren. Wenn ein Baum seine Früchte der Welt anbietet, neigt er seine Äste voller Demut herab. Wenn er Schatten oder Schutz anbietet, schenkt er sie jedem, ohne Ansehen der Person. Wenn der Baum Blüten und Früchte trägt, neigt er sich herab und teilt seine Früchte mit der Welt.

Sieh Mutter Erde an, die uns beschützt, nährt, und uns auf jede erdenkliche Weise versorgt. Wie viel Schlechtes haben wir Mutter Erde schon angetan! Dennoch ist sie voller Vergebung. Direkt vor unseren Füßen können wir Demut in einem Stück Gras entdecken. Wenn wir das Gras mit unseren menschlichen Augen betrachten, haben wir das Gefühl, dass es etwas Unwichtiges ist. Jeder kann darauf herumtreten. Doch wenn wir es mit unserem inneren Auge betrachten, spüren wir, wie großartig es ist. Früh am Morgen, wenn der Tau noch auf dem Gras liegt, sagen wir: „Wie wunderschön das aussieht!" Einige

Stunden später laufen wir vielleicht darüber hinweg, doch das Gras beklagt sich nie und lehnt sich nie auf. Wenn wir behutsam über das Gras laufen, können wir ein Gefühl des Einsseins mit Mutter Erde spüren. Wenn wir die innere Fähigkeit besitzen, das Gras zu schätzen, staunen wir: „Wie demütig und selbstlos es ist!"

Gleich einem Baum
werde ich mich herab beugen.

Gleich einem Berg
werde ich vergeben
und mein Haupt erhoben halten.

Gleich einer Mutter
werde ich stets wach bleiben.

Gleich einem Herzen
werde ich stets anbeten.

Kapitel 6

Von der Sorge zum Vertrauen

*Ein Herz des Vertrauens und
ein Verstand der Zuversicht sind zweifellos
zwei unsterbliche Segnungen des Himmels
für die Menschheit.*

Sorgen existieren – in unserem Verstand, in unserer Lebensenergie, in unserem Körper. Doch es liegt an uns, ob wir sie annehmen oder abweisen. Wenn wir unsere Sorgen mit uns herumtragen, bedeutet das, dass wir ein zusätzliches Gewicht tragen und unsere Fähigkeiten verringern. Die beste Art, mit ihnen umzugehen ist, den Verstand stets ruhig, still und friedlich zu machen. Wenn wir inneren Frieden haben, können wir am schnellsten unser Ziel erreichen.

Überlasse Gott die Verantwortung

Lasst uns praktisch sein. Bringt es uns irgendetwas, wenn wir uns Sorgen machen? Nein! Wir quälen uns nur selbst. Viele Eltern sorgen sich zum Beispiel um ihre Kinder. Es ist natürlich, dass ihnen das Wohl ihrer Kinder am Herzen liegt, doch wenn sie sich tagein, tagaus Sorgen machen, werden diese Sorgen selbst zu einer ungöttlichen Kraft in ihrem Leben werden.

Die Eltern sollten sich bewusst machen, dass ihre Kinder noch vor wenigen Jahren in ihrem Leben gar nicht existierten. Sie sind wie Blüten, die sie von einem Baum gepflückt haben.

Aber sie werden sie nicht für immer behalten. Wir können nur etwas unser eigen nennen, das für immer bei uns bleiben wird. Eltern sollten fühlen, dass sie ihre Kinder dem Supreme gegeben haben, und dass Er die Verantwortung für ihr Leben übernommen hat. Auf diese Weise können sie aufhören, sich um sie zu sorgen. Eltern sind zu hundert Prozent dafür verantwortlich, ihren Kindern, die ihnen mehr am Herzen liegen als alles andere, ihr Wohlwollen entgegenzubringen. Doch sich Sorgen zu machen, hilft in keinster Weise.

Wir machen uns Sorgen, weil wir nicht wissen, was morgen oder sogar im nächsten Augenblick mit uns geschehen wird. Doch wir sollten fühlen, dass Gott nicht nur weiß, was für uns das Beste ist, sondern dass Er zu Seiner auserwählten Stunde auch tun wird, was das Beste für uns ist. Wenn wir fühlen können, dass wir das Instrument sind und Er der Handelnde, werden wir uns keine Sorgen machen.

Du kannst
die schmerzhaften Zwänge deines Lebens
in wunderbare Freuden verwandeln,
einfach in dem du dir sagst,
dass die Welt um dich herum
mühelos ohne dich existieren
und sogar gedeihen kann.

Mit der Zeit Freundschaft schließen

Die Seele weiß, dass es eine ewige Zeit gibt, und in der ewigen Zeit wächst die Seele stetig. Unglücklicherweise ist es uns einfach nicht möglich, uns etwas Unsterbliches oder Ewiges vorzustellen, solange wir uns im äußeren Verstand oder im äußeren Bewusstsein befinden. Wir begrenzen uns auf die erdgebundene Zeit, die wir in Teile zerlegen: eine Minute, zwei Minuten, drei Minuten. Wir haben das Gefühl, ständig gegen die Zeit anzukämpfen, um die Dinge zu erledigen, die wir zu tun haben. So gerät unser Verstand in Unruhe und wird von Sorgen geplagt. Wenn wir jedoch beten und meditieren, zerteilen wir die Zeit nicht auf diese Weise. Stattdessen sehen wir mit einem Blick die unendliche und ewige Zeit in einem ruhigen, ununterbrochenen Fließen, und wir treten in diese ewige Zeit ein.

Das Allerwichtigste ist Frieden im Verstand. Wenn du inneren Frieden erlangt hast, wirst du feststellen, dass die Dinge, die du zu erreichen versuchst, leicht zu vollbringen sind. Ein Läufer weiß, dass ihn seine Gegner überrunden werden, wenn er überflüssiges Gewicht mit sich trägt. Wenn Zweifel, Furcht, Unsicherheit oder andere negative Kräfte in deinen Verstand eindringen, wirf sie einfach hinaus. Wenn der Verstand ruhig und still ist, kannst du am schnellsten laufen.

Betrachte die Zeit stets als einen guten Freund. Wir können uns des Wertes der Zeit stärker bewusst werden, wenn wir erkennen, dass jeder Augenblick eine von Gott gegebene goldene Gelegenheit ist. Wenn wir jede Gelegenheit hingebungsvoll und weise wahrnehmen, werden wir unsere Bestimmung am schnellsten erreichen.

Weil ich ein Wahrheits-Sucher bin
fließt mir die Zukunft entgegen.
Weil ich ein Gott-Liebender bin,
lebe ich im ewigen Jetzt.

Wenn Angst und Sorge uns ergreifen

Zwischen Angst und Wachsamkeit besteht ein großer Unterschied. Es sind zwei verschiedene dynamische Energien. Wenn du dich ängstigst oder sorgst, machst du dir ständig Gedanken über andere, vergleichst dich mit ihnen oder überlegst, ob du ihren Erwartungen gerecht wirst. Aber wenn du wachsam bist, willst du einfach dein Bestes geben.

Es gibt durchaus einige Dinge, die du tun kannst, wenn Angst und Sorge dich ergreifen wollen. Bei einem Wettrennen kannst du dir zum Beispiel vorstellen, dass du der einzige Läufer bist. Denke vor dem Startschuss nicht an die anderen. Denke einzig und allein daran, dass du nur dein eigenes schnellstes Tempo laufen wirst. Auf diese Art gibt es keinen Platz für Angst oder Sorge.

Wenn du vor einem Publikum auftrittst, stell dir vor, dass dir nur eine einzige Person zuhört und dass diese Person ein erst zweijähriges Kind ist. Das ist der menschliche Weg, Angst zu überwinden. Der göttliche Weg besteht darin, sich den Supreme unmittelbar vor sich vorzustellen. Wenn du den Supreme siehst und zugleich fühlst, dass du ebenfalls der Supreme bist, wie kann dann ein Supreme Angst vor dem anderen Supreme haben? Es gibt nur einen Supreme. Wenn du dich vor dem Supreme in jedem einzelnen Menschen im Publikum verbeugst, dann wirst du augenblicklich eins mit jedem Einzelnen, und du wirst keine Angst mehr haben.

Du kannst Ängste für eine kurze Zeit loswerden, indem du sie ignorierst; doch wenn du dich auf Dauer von ihnen befreien willst, musst du Licht in sie hineinbringen. Wenn du deinen Verstand am Anfang davon überzeugen kannst, dass Angst nicht existiert, wird dir das vorübergehend helfen. Wenn du auch nur für einen Tag frei von Angst bist, hast du bereits etwas erreicht. Doch bevor du deine Angst nicht erleuchtet hast, kann es keine wirkliche Erfüllung geben. Du kannst deine Angst erleuchten, indem du mit Hilfe von Gebet und Meditation bewusst Licht in dein Wesen bringst.

Kein Grübeln mehr,
keine Niedergeschlagenheit mehr.
Dein Leben
wird zur Schönheit einer Rose,
zum Lied der Morgendämmerung,
zum Tanz des Abendrots werden.

Ein Heilmittel für Sorgen

Wenn wir von Sorgen und Ängsten angegriffen werden, ist das beste Heilmittel, innerlich Gottes Liebe zu fühlen. Sorgen und Ängste werden erst verschwinden, wenn wir uns mit etwas identifizieren, das Frieden, Ruhe, Göttlichkeit und das Gefühl völligen Einsseins besitzt. Wenn wir uns mit unserem inneren Führer identifizieren, dann wird uns die Kraft seines erleuchtenden Lichtes zuteil. Sorgen kommen zu uns, weil wir uns mit Angst identifizieren. Indem wir uns ständig Sorgen machen oder negativen Gedanken nachhängen, werden wir uns unserem Ziel niemals nähern. Wir werden nur dann in die Göttlichkeit eintreten, wenn wir positive Gedanken haben: „Ich gehöre Gott. Ich bin für Gott da." Wenn wir so denken, kann es keine Sorgen und keine Ängste geben.

Lasst uns Gott bewusst unser ganzes Dasein darbringen – was wir haben und was wir sind. Was wir haben, ist das innere Streben, in ein Ebenbild Gottes hineinzuwachsen, in unendlichen Frieden, unendliches Licht und unendliche Glückseligkeit. Was wir im Augenblick sind, ist reine Unwissenheit, ein Meer der Unwissenheit. Wenn wir Gott unseren Strebsamkeits-Schrei und unser Unwissenheits-Meer darbringen können, ist unser Problem gelöst. Dann werden wir uns nicht mehr um unser Schicksal sorgen, denn wir werden wissen und fühlen, dass es in den all-liebenden Händen Gottes liegt.

Gott ist der ewige Lebensbaum, und wir sind die von Ihm ausgehenden Äste. Im Augenblick sind wir uns unserer eigenen Wirklichkeit nicht bewusst. Wir sind uns nicht bewusst, dass wir ein untrennbarer Teil des Lebensbaumes sind, der Gott ist. Deshalb sind wir unsicher. Durch Gebet und Meditation gelangen wir jedoch zur Erkenntnis, dass die Äste, die Blätter und die Blüten ein Teil des Baumes selbst sind. Wenn wir das erkennen, fühlen wir uns sicher in der Quelle und sicher in ihrem Fließen.

Wenn ich stets
ein kindliches Vertrauen haben kann,
dann wird mein höchster Herr
mit Sicherheit
zu meinem sich schlaflos
selbstaufopfernden Freund.

Die Kritik der Welt

Wie kannst du aufhören, dir darüber Gedanken zu machen, was andere über dich denken? Zunächst musst du dir dessen bewusst sein, wer dir in der Welt am wichtigsten und liebsten ist – es ist Gott. Dann solltest du fühlen, dass du achtsam sein musst, wenn Er mit dir unzufrieden ist, denn deinen Liebsten willst du nicht verletzen. Doch wenn die Welt unzufrieden mit dir ist oder schlecht über dich redet, lass sie ihr Spiel spielen. Wenn die Welt dich wie ein Hund anbellt, so heißt das nicht, dass du zurückbellen musst.

Wenn du fühlen kannst, dass Gott allein dein Dasein ausmacht, wird Gott dir ein Meer der Stille, ein Meer inneren Friedens schenken. Dann wirst du sehen, dass die Kritik der übrigen Welt sich dazu wie eine winzige Luftblase ausnimmt. Das Spiel der Blase endet, sobald sie in das Meer deines eigenen, weiten Bewusstseins-Lichtes eintritt.

Der Kritiker in uns

Du hast zwei Stimmen in dir. Die eine ermutigt dich und sagt: „Geh vorwärts! Weiter so! Du tust genau das Richtige." Die andere entmutigt dich. Sie sagt dir, dass du dich noch sehr verbessern musst, weil du im Augenblick in jeder Hinsicht unvollkommen bist.

Die ermutigende Stimme ist dein Gewissen, dein inneres Wesen, das dir sagt, dass du das Richtige tust, genauso wie eine Mutter ihr Kind ermutigt. Wenn das Kind versucht etwas zu tun, ruft die Mutter ihm zu: „Ja mein Kind, das machst du gut, mach weiter so. Lauf so schnell du kannst." Diese Ermutigung und dieser Ansporn sind für das Kind eine riesengroße Hilfe in seinem Vorwärtsstreben.

Die andere Stimme gibt dir ständig ein schlechtes Gefühl, weil sie dir sagt, dass du alles falsch machst. Stets zeigt sie dir die Fehler und Unvollkommenheiten in deinem Wesen auf. Glaub nicht, dass dir diese Stimme die Wahrheit sagt. Nein, sie versucht nur, dich zu entmutigen, indem sie kaltes Wasser auf deine Bemühungen gießt und dein Selbstvertrauen zerstört, während sie vorgibt, unparteiisch zu sein. Indem sie dir immer wieder vermittelt, dass das, was du tust, sagst und fühlst, falsch sei, hilft sie dir in keiner Weise, dein Ziel schneller zu erreichen. Im Gegenteil: Wenn du nur eine kleine Erfolgschance hast, wird der Kritiker in dir sie zerstören. Fühle daher, dass die Stimme, die dich ermutigt, die göttliche Stimme in dir ist, und diejenige, die dich entmutigt, die ungöttliche Stimme.

Um Selbstkritik zu überwinden, musst du sie als einen Dorn betrachten, der in dich eingedrungen ist. Die Stimme, die dich entmutigt, hat dir das Gefühl gegeben, dass in dir alle schlechten Eigenschaften der Welt stecken, und du betrachtest dich als zutiefst ungöttlich. Wenn ein Dorn in dich eingedrungen ist, musst du einen zweiten Dorn zu Hilfe nehmen, um den ersten zu entfernen. Dieser Dorn besteht aus der Wiederholung folgender Worte: "Ich bin Gottes Kind, Gottes auserwähltes Kind, und ich bin im Begriff, Sein vollkommenes Instrument zu werden. Es gibt nichts auf Erden, das mich davon abhalten kann, Sein vollkommenes Instrument zu werden." Diesen Dorn kannst du dazu verwenden, den anderen Dorn, der dir Beschwerden verursacht, zu entfernen. Selbstkritik kann nur durch angemessene Selbstwertschätzung besiegt werden.

Du solltest die richtige Person dein eigen nennen. Gott ist deine Quelle. Im Augenblick bist du dir noch nicht vierundzwanzig Stunden am Tag bewusst, dass du Gottes Kind bist, doch der Tag wird kommen, an dem du dir dessen ständig bewusst sein wirst. Du bist hier auf der Erde, um Ihm zu dienen, Ihn zu erfüllen.

Die Samen der Zukunft

Nicht durch Fordern, sondern nur durch unser selbstloses Geben können wir mehr Freude und weniger Spannungen und Stress in unserem täglichen Leben erhalten. Spannung entsteht, weil wir etwas auf unsere Weise ausgeführt haben wollen, während andere es auf ihre Weise getan haben möchten. Spannung beginnt im Verstand, weil wir das Licht auf eine Art sehen, und andere es auf eine andere Art sehen. Spannung entsteht auch, wenn wir etwas, das zwei Stunden oder zwei Tage benötigt, im Handumdrehen erledigen wollen. Vielleicht will Gott, dass wir zwei Stunden oder zwei Tage brauchen, um unser Ziel zu erreichen. Wenn wir Gottes Stunde und nicht unsere eigene Stunde im Auge behalten können, werden wir Freude erhalten. Die Spannung wird unseren Verstand verlassen, wenn wir die Kunst der Selbsthingabe an Gottes Willen beherrschen.

Du hast deinem Verstand Freiheit gegeben.
Deshalb bereitet dir dein Verstand
Sorgen um deine Zukunft.
Warum gibst du deinem Herzen keine Freiheit?
Es wird dich ganz bestimmt
auf die Zukunft vorbereiten.

Echtes Vertrauen und falsches Vertrauen

Göttliches Vertrauen sagt: " Wenn ich etwas kann, dann deshalb, weil Gott in mir ist. Sonst wäre ich dazu nicht fähig. Ich habe es nur mit Weisheit, Licht und Wonne zu tun, denn Gott ist meine Quelle." Wenn ein Kind weiß, dass seine Eltern reich sind, ist es zuversichtlich. Wenn wir fühlen, dass Gott, der unsere Mutter und unser Vater ist, unendlichen spirituellen Reichtum besitzt, dann haben wir echtes Vertrauen – wir haben inneren Frieden. Wahres Vertrauen erhalten wir, wenn wir die Quelle in uns sehen.

Menschliches Vertrauen ist kein wirkliches Vertrauen. Wir sagen zwar, wir hätten Vertrauen, doch innerlich wissen wir, dass wir damit nur angeben. Wenn wir aufrichtig sind, erkennen wir, dass wir nur versuchen, andere zum Narren zu halten. Wenn wir göttliches Vertrauen haben, täuschen wir niemanden, weil wir dann wissen, dass unsere Quelle der Supreme ist, der alles besitzt. Deshalb sind wir zuversichtlich. Wir wissen, wenn wir eins mit Ihm werden, wird Er uns all Seinen Reichtum in grenzenlosem Ausmaß zur Verfügung stellen.

Der Wirbelsturm

Ein Ehepaar aus der Mittelschicht Kalkuttas reiste einst auf einem großen Dampfer nach Europa. Nach ein paar Tagen kam plötzlich ein Wirbelsturm auf, und es begann heftig zu regnen. Viele kleine Schiffe kenterten. Die Passagiere des großen Schiffes schrien in Panik und weinten, da sie keine Hoffnung sahen, ihr Leben vor der drohenden Katastrophe zu retten.

Da sagte die Frau zu ihrem Ehemann: „Alle schreien und weinen, weil sie wissen, dass wir die Minuten zählen können, die uns noch zu leben bleiben. Warum bist du so still und gefasst? Hast du keine Angst? Glaubst du nicht auch, dass wir in wenigen Minuten sterben werden? Warum bist du so ruhig?"

Als ihr Mann dies hörte, zog er eine Pistole aus seiner Tasche und richtete sie auf seine Frau. Die Frau rief: „Bist du verrückt? Was soll das? Das ist nicht der Augenblick, Witze zu machen!"

Der Ehemann lächelte über das ganze Gesicht und sagte: „Sieh mal, du weißt, dass ich es bin, dein Ehemann, dein Liebster, der mit der Pistole auf dich zielt. Du weißt ganz genau, dass ich dich aufgrund meiner großen Liebe für dich nicht umbringen werde. Gott, der Schöpfer alles Guten, ist unendlich viel mitleidsvoller, als ich es bin und als ich es je sein könnte, und wir sind Seine Kinder. Glaubst du, dass Er es zulässt, dass wir ausgelöscht werden, oder dass Er uns auslöschen wird? Wenn ich dich aufgrund der bescheidenen Liebe, die ich für dich empfinde, nicht töten kann, wie kann Gott uns töten? Er hegt unendliche Liebe für seine Kinder, obgleich wir nicht wissen und nie wissen werden, wie Seine Liebe und Sein Mitgefühl in und durch uns wirken. Möge sich Gottes Wille auf Gottes eigene Weise erfüllen. Lass uns heute versuchen Beobachter sein und lass uns morgen versuchen, an der Erfüllung Seines kosmischen Willens mitwirken."

Kaum hatte der Mann das gesagt, legte sich sofort der Wirbelsturm und es wurde ruhig und still. Die Frau war sehr stolz auf die Weisheit ihres Mannes.

Die Besitztümer der Mutter

Das Herz ist die Mutter – die Mutter von Liebe, Zuneigung, Licht, Geduld und Vergebung. Sobald wir wirklich fühlen, dass das Herz all diese göttlichen Eigenschaften verkörpert, werden wir in der Lage sein, das Vertrauen des Herzens sehr schnell, wirkungsvoll und fruchtbar in den Verstand zu bringen.

Wir sollten den Verstand als ein rastloses Kind betrachten, das ohne Weisheit und Reife ist, und das Herz als die Mutter, die alle göttlichen Eigenschaften in sich trägt. Natürlich kann das Kind alles, was die Mutter besitzt, für sich beanspruchen, denn die Mutter ist bereit, all ihre Besitztümer dem Kind zu geben. Wenn wir also an das Herz denken, sollten wir uns die göttliche Mutter vorstellen, deren unbegrenzte Eigenschaften in das Kind einströmen, während sie es unterweist. Dann wird das Vertrauen des Herzens wie ein Fluss von selbst in den Verstand fließen.

Wenn wir uns
in den Tiefen unseres Herzens
sicher fühlen,
werden wir niemanden herausfordern,
denn inneres Vertrauen
ist nichts anderes als
vollständige Erfüllung.

Kapitel 7

Die Macht der Liebe

Wenn die Macht der Liebe
die Liebe zur Macht ersetzt,
wird der Mensch einen neuen Namen haben:
Gott.

Liebe ist eine reine und leuchtende Flamme. Wenn wir dem Pfad der Liebe folgen, werden wir unser spirituelles Leben, unser inneres Leben als tief erfüllend empfinden. Nichts kann größer sein als die Liebe. Liebe ist Leben, und das Leben selbst ist ein spontanes Fließen von Nektar und Wonne.

Wenn Liebe bedeutet, einen Menschen oder einen Gegenstand zu besitzen, so ist das nicht wahre Liebe; es ist nicht reine Liebe. Wenn Liebe bedeutet, zu geben und eins mit allem zu werden, mit der Menschheit und der Gottheit, dann ist das wahre Liebe. Wahre Liebe ist unser völliges Einssein mit dem Gegenstand unserer Liebe und mit dem Besitzer der Liebe. Wer ist der Besitzer der Liebe? Gott.

Wen lieben wir? Wir lieben die höchste Wirklichkeit, den Supreme, in jedem Einzelnen. Wenn wir den Körper lieben, binden wir uns; wenn wir die Seele lieben, befreien wir uns. Es ist die Seele im Individuum, der Supreme in jedem Menschen, den wir lieben müssen.

Du kannst anderen Menschen bewusst reine Liebe geben, wenn du fühlst, dass du ihnen einen Teil deines Lebensatems schenkst, während du mit ihnen sprichst oder an sie denkst.

Diesen Lebensatem bietest du anderen an, weil du fühlst, dass du selbst mit der Welt völlig und untrennbar eins bist. Wo Einssein ist, herrscht reine Liebe.

Der Weg des Herzens

Göttliche Liebe ist der schnellste Weg, das Höchste zu verwirklichen. Der Verstand hat seine Schuldigkeit getan. Jetzt sehnt sich die Welt nach dem Reichtum des Herzens, der Liebe. Wenn wir den Weg des Herzens gehen, werden wir entdecken, dass tief im Herzen die Seele wohnt. Natürlich durchdringt das Licht der Seele den ganzen Körper, doch es gibt einen besonderen Ort, an dem sich die Seele meist aufhält, und das ist das Herz. Das spirituelle Herz liegt in der Mitte der Brust. Wenn wir freien Zugang zu unserer Seele haben wollen, müssen wir unsere Aufmerksamkeit, unsere Konzentration, auf das Herz richten. Dort ist das Zentrum der reinen Liebe und des Einsseins.

Du kannst das spirituelle Herz durch Konzentration und Meditation erreichen. Dazu solltest du dich jeden Tag ein paar Minuten lang nur auf das Herz konzentrieren – auf nichts anderes. Fühle, dass du keinen Kopf, keine Beine, keine Arme hast – du besitzt nur dein Herz. Wenn du im Verstand bleibst, kann dir das Leben wie ein trockenes Stück Holz erscheinen. Doch wenn du im Herzen lebst, kann das Leben in ein Meer reiner Liebe und Seligkeit verwandelt werden. Wenn du dein Bewusstsein in deinem Herzen verankern kannst, wirst du allmählich beginnen, ein spontanes Gefühl des Einsseins zu spüren.

Wenn du den spirituellen Boden des Herzens bestellst, wirst du spontane Liebe zu Gott und spontanes Einssein mit Gottes Schöpfung heranwachsen sehen.

Ramesh und Gopal

Einst lebte ein Junge namens Ramesh. Ramesh war ein sehr guter Schüler. Seine Eltern waren nicht nur reich, sondern auch sehr gütig.

In der Schule war es üblich, dass die Schüler ihr Essen für die Mittagspause von zu Hause mitbrachten. Eines Tages bemerkte Ramesh, dass sein Freund Gopal seit Tagen nichts zu Mittag gegessen hatte. Ramesh ging zu seinem Freund und fragte ihn, warum er nichts zu essen mitgebracht habe. Gopal antwortete: „Meine Mutter konnte mir nichts mitgeben. Sie sagte, wir hätten nichts zu Hause." Ramesh meinte: „Mach dir nichts daraus. Ich werde mit dir teilen." „Nein, ich kann dein Essen nicht annehmen," entgegnete Gopal. „Natürlich kannst du," drängte Ramesh. „Meine Eltern geben mir viel mehr, als ich brauche." Schließlich war Gopal einverstanden, und ein paar Wochen lang teilten sich die beiden Jungen Rameshs Mittagessen.

Eines Tages kam Gopal nicht mehr zur Schule. Ramesh war besorgt. Als er seinen Lehrer fragte, warum sein Freund nicht mehr käme, sagte ihm der Lehrer: „Er kommt aus einer armen Familie. Seine Eltern können es sich nicht leisten, das Schulgeld zu bezahlen. Deshalb kann er nicht weiter zur Schule gehen." Ramesh tat es leid um seinen Freund. Als die Schule aus war, schrieb er sich die Adresse Gopals von seinem Lehrer auf und ging zu Gopals Haus. Ramesh bat seinen Freund inständig, wieder zur Schule zu kommen, und versprach ihm, dass er seine Eltern bitten würde, das Schulgeld für ihn zu bezahlen. Gopals Eltern waren von Rameshs Güte tief gerührt, und Gopal begann wieder, zur Schule zu gehen.

Gopals Vater war schon ein alter Mann. Wenige Jahre darauf starb er. Die Familie verarmte völlig, und Ramesh unterstützte sie mit seinem eigenen Geld. Als Gopals Schwester von einer schweren Krankheit heimgesucht wurde, konnte sich die

Familie die Krankenhauskosten nicht leisten. Wieder half Ramesh ihnen. Er war in jeder Hinsicht der Freund und Beschützer von Gopals Familie.

Ramesh und Gopal beendeten gemeinsam die High School und gingen aufs College. Eines Tages sprach Gopal zu Ramesh: „Wenn ich dir sage, dass mein Herz voller Dankbarkeit zu dir ist, dann ist das eine Untertreibung. Ich liebe dich mehr als mein eigenes Leben." Ramesh antwortete ihm: „Mein Freund, wenn du mich liebst, ist das mehr als genug für mich. Du brauchst mich nicht mehr als dein eigenes Leben zu lieben." Gopal erwiderte: „Aber ich tue es, und ich will es dir beweisen." Darauf öffnete er sein Taschenmesser und schnitt sich in den Arm. Sofort begann er zu bluten. Gopal ließ ein paar Tropfen seines Blutes zu Rameshs Füßen fallen.

Ramesh rief: „Was machst du denn?" Er berührte den Schnitt auf Gopals Arm und nahm ein paar Tropfen Blut, um sie auf sein Herz aufzutragen. Dabei sagte er: „Das ist der richtige Ort für dein Lebensblut. Ich gebe dir meinen irdischen Schatz in Form von materiellem Reichtum. Aber du gibst mir die Liebe deines Herzens, einen himmlischen Reichtum, der unermesslich ist."

Ein Augenblick der Liebe
kann und wird
die Welt vollkommen machen.

Das Herz eines Liebenden

Es ist sehr einfach, jemanden zu lieben, wenn man das Göttliche in ihm sieht. Es ist immer ratsam, zum Ursprung zu gehen, und dieser Ursprung ist Gott. Wenn wir jemanden lieben wollen, ist es das Beste, zu dem Einen zu gehen, der All-Liebe ist.

Wenn wir Ihn in uns selbst lieben können, dann wird es überaus leicht für uns, Ihn auch in einem Menschen zu lieben.

Wenn du bemerkst, dass die Fehler und schlechten Eigenschaften einer Person offensichtlich sind, dann versuche bitte zu fühlen, dass sie nicht den ganzen Menschen ausmachen. Sein wahres Selbst ist unendlich viel besser als das, was du gerade siehst. Versuche trotz all ihrer Begrenzungen das Göttliche in anderen Menschen zu sehen.

Indem wir auf die Unzulänglichkeiten einer Person achten, helfen wir dem Betreffenden nicht im geringsten. Wir verzögern nur unseren eigenen Fortschritt. Wenn wir jemanden kritisieren, werden dessen ungöttliche Eigenschaften weder verschwinden, noch werden unsere eigenen dadurch geringer. Im Gegenteil, seine ungöttlichen Eigenschaften werden noch stärker hervortreten, um ihn zu verteidigen, und unser eigener Stolz, unsere Überheblichkeit und unser Gefühl der Überlegenheit werden ebenfalls zum Vorschein kommen. Wenn wir unser Augenmerk jedoch auf das Göttliche richten, beschleunigen wir unseren Fortschritt und helfen dem anderen, sein wirkliches Leben auf einer göttlichen Grundlage zu errichten. Wir sollten andere mit dem Herzen eines Liebenden und nicht mit dem Auge eines Kritikers sehen.

Um das Göttliche in anderen zu sehen, sollten wir lieben. Es ist völlig zutreffend, wenn man sagt, wo die Liebe stark ist, sind die Fehler rar. Wenn du jemanden wirklich liebst, wird es dir schwer fallen, ihn zu kritisieren. Liebe bedeutet Einssein. Eine Mutter wird trotz der zahllosen Unvollkommenheiten ihres Kindes nicht aufhören, es zu lieben, weil sie mit ihm eins geworden ist. Wenn das Kind Unvollkommenheiten hat, betrachtet sie die Mutter als ihre eigenen.

Wenn es dir schwer fällt, das Menschliche in jemandem zu lieben, dann liebe statt dessen das Göttliche in ihm. Das Göttliche in ihm ist Gott. Gott existiert in diesem Menschen genauso, wie Er in dir existiert. Gott zu lieben ist äußerst einfach, weil Gott göttlich und vollkommen ist. Wenn du dir jedes Mal bei der Begegnung mit einem Menschen der Gegenwart Gottes in ihm bewusst werden kannst, werden dich seine Unvollkommenheiten oder Unzulänglichkeiten nicht stören.

Mein Herr, lehre mich nur eines:
Die Welt so zu lieben, wie Du mich liebst.

Die Waffe des Friedens

Wut und Ärger sind ein großes Hindernis. Ihre Nachwirkungen sind Enttäuschung und Niedergeschlagenheit. Wenn wir dem Dieb namens Wut oder Ärger erlauben, in uns einzutreten, wird er unsere Liebe stehlen, die unser innerer Schatz ist. Wenn Wut uns angreift, müssen wir innerlich nach unserer tiefen Strebsamkeit schreien, damit sie zum Vorschein kommt und die Wut vertreibt. Wir müssen unsere Strebsamkeitspolizei rufen, damit sie unseren so überaus wertvollen Liebesschatz rettet.

Wenn du ärgerlich oder wütend wirst, bedeutet das, dass du dein Einssein mit der Welt um dich herum verloren hast. Wenn du Einssein hast, wirst du versuchen, Unvollkommenheit zu vervollkommnen, sobald du ihrer gewahr wirst; wenn du Unreinheit siehst, wirst du versuchen, sie in Reinheit zu verwandeln. Doch wenn es dir an Einssein fehlt, wirst du dich unweigerlich ärgern, wenn du Unvollkommenheit und Unreinheit siehst.

Wenn es sich um starken Ärger, um Zorn, um unbeherrschbare Wut handelt, dann bist du in diesem Augenblick massiv von der Unwissenheit angegriffen worden. Wenn die Wut von außen kommt, versuche bitte zu fühlen, dass ein Feind in dich

eindringt. Wenn sie von innen kommt, dann versuche bitte zu
fühlen, dass du einem Feind erlaubt hast, bei dir zu wohnen,
und nun musst du versuchen, ihn zu überwinden. Wie? Durch
Frieden.

Wenn wir meditieren, wird unser Verstand von Frieden
durchflutet, und wenn wir Frieden im Verstand haben, sind
wir in der Lage, unseren Ärger und unsere Wut zu besiegen.
Wenn du jeden Tag zehn oder fünfzehn Minuten lang auf
Frieden meditieren kannst, wirst du feststellen, dass jedes
Unrecht, dass man dir antun mag, augenblicklich von deinem
Frieden aufgesogen wird. Du könntest mit allem Recht auf je-
manden wütend sein, doch du weißt, dass du nur deinen
wertvollen inneren Frieden verlierst, wenn du dich über diese
Person aufregst.

Wenn mein Friedens-Herz träumt,
singt mein Seligkeits-Leben.

Vergeben und vergessen

Wenn du wütend oder verärgert bist, dann stelle dir zuerst die
Frage, ob es richtig ist sich aufzuregen. Glaubst du, dass du das
Wesen eines Menschen, der etwas Schlimmes getan hat, verändern kannst, indem du ihn tadelst, beleidigst oder bestrafst?
Unmöglich! Nehmen wir an, jemand hat etwas falsch gemacht
und du hast ihn dafür gescholten. Jetzt tut es ihm sehr leid und
er vergießt bittere Tränen der Reue. Wenn du tief nach innen
tauchst, wird es dir weh tun, diesen Menschen traurig und unglücklich zu sehen. Wenn du ehrlich bist, wirst du zugeben,
dass du selbst viel, viel schlimmere Dinge getan hast als derjenige, den du zurechtgewiesen hast. Vielleicht fängst du sogar
an, für all die tausend Dinge, die du in deinem Leben falsch

gemacht hast, selbst Tränen der Reue zu vergießen oder Bedauern zu empfinden. Auf diese Weise nimmt das Unglücklichsein kein Ende. Das Beste ist, nicht wütend zu werden. Fühle einfach, dass dies eine Erfahrung ist, die du nur ein paar Sekunden lang hattest.

Du magst deinen Ärger vorübergehend vergessen, aber wenn du ihn nicht erleuchtet hast, kann er dich immer noch herabziehen. Nehmen wir an, du machst im Laufe des Tages eine unerfreuliche Erfahrung. Nach ein paar Stunden hast du diese Erfahrung vergessen. Doch bevor du dem Menschen, der in die Sache verwickelt war, nicht vergeben hast, hast du deinen Ärger nicht erleuchtet. Dieser Ärger kann dich noch immer einige Stufen auf deiner Bewusstseinsleiter herabziehen. Manchmal streitest du dich mit Mitgliedern deiner Familie und gehst danach schlafen. Am nächsten Morgen stellst du dann fest, dass du nicht meditieren kannst. Du hast das Ereignis vom Vorabend völlig vergessen, doch während du geschlafen hast, hat dein Ärger an Kraft zugenommen. Wenn etwas falsch gelaufen ist, ist es das Beste, es sofort in Ordnung zu bringen und zu erleuchten.

Es gibt zwei Methoden, Wut und Ärger zu erleuchten. Die eine Methode besteht darin, sein Herz auszudehnen. Wenn dir Unrecht getan wurde, benütze deine Kraft der Identifikation. Fühle, dass du selbst oder ein erweiterter Teil deines eigenen Bewusstseins es ist, der das Unrecht begangen hat. Je eher du dich von der Vorstellung lösen kannst, dass dir ein anderer etwas angetan hat, desto besser wird es für dich sein.

Die zweite Methode besteht darin, an die eigene Vervollkommnung zu denken. Wenn du aufhörst, dir um die Vervollkommnung anderer Gedanken zu machen, und dich nur um dein eigenes inneres Streben bemühst, wirst du von Wut und Ärger befreit werden. Richte einfach dein ganzes Augenmerk auf deine eigene Selbstentdeckung, anstatt herumzuschauen, wer dich behindert oder dir im Weg steht. Wenn du dein wahres Selbst entdeckt hast, wirst du erkennen, dass niemand auf Erden unvollkommen ist. Alle sind vollkommen in dir.

Gestern war ich schlau.
Deshalb wollte ich die Welt verändern.
Heute bin ich weise.
Deshalb verändere ich mich selbst.

Wenn andere wütend sind

Wenn andere dich mit der negativen Kraft der Wut, des Zorns oder des Ärgers angreifen, kannst du Zuflucht bei einer unendlich höheren Macht suchen – dem Mitgefühl des Supreme. Wenn du das Mitgefühl des Supreme anrufst, das unendlich viel stärker ist als menschliche Wut, wirst du fähig sein, dein Gegenüber mit diesem Mitgefühl zu durchdringen. Dies ist der einzige Weg, der dauerhafte Erfüllung bringt.

Wenn du nicht fähig bist, die höchste Kraft anzurufen, dann musst du die zweitbeste Möglichkeit wählen, den menschlichen Weg: Bleib gleichgültig. Die Kraft deiner Gleichgültigkeit kann eine solide Mauer errichten, die Ärger, Wut und Zorn nicht durchdringen können. Wenn jemand wütend auf dich ist, fühle einfach, dass du mit diesem Menschen nichts zu tun hast und er nichts mit dir. Fühle, dass deine Welt völlig verschieden ist von der seinen. Auf diese Weise wirst du in deiner Gleichgültigkeitswelt und der andere in seiner Zorneswelt bleiben.

Allerdings gelingt es dir vielleicht nicht lange, gleichgültig zu bleiben. Deine eigene Angriffslust kann zum Vorschein kommen und sagen: „Wenn er mich angreift, dann kann ich auch zurückschlagen." Doch wenn jemand dich angreift, sollte deine

Haltung eine andere sein. Der Betreffende mag dich angegriffen haben, um dich zu zerstören, doch du kannst darauf mit der Absicht reagieren, ihn zu verwandeln. Wenn jemand wütend ist, bedeutet das, dass ihm Frieden fehlt – er braucht dringend Friedensgeld. Wenn du mehr hast, als du brauchst und dazu großzügig bist, kannst du ihm leicht etwas von deinem inneren Reichtum abgeben. Doch wie kannst du anderen etwas geben, wenn du selbst nur einen begrenzten Betrag Frieden besitzt? Du musst das, was du brauchst, für dich selbst behalten. Zuerst solltest du die Menge des Friedens in deinem eigenen Leben vergrößern. Dann kannst du deinen inneren Reichtum leicht mit einem aufgebrachten Menschen teilen. Wenn du anderen Frieden schenkst, musst du es jedoch heimlich tun. Wenn du jemandem äußerlich sagst, dass er Frieden braucht, kann er noch wütender werden. Dringe wie ein göttlicher Dieb heimlich in sein Herz und in seinen Verstand ein, und biete ihm Frieden an.

Hass: Liebe in Verkleidung

Hass ist eine verkleidete Form der Liebe. Man kann nur jemanden hassen, den man in Wirklichkeit lieben will, denn wenn man dem Betreffenden gegenüber völlig gleichgültig wäre, würde man gar nicht die Energie aufbringen, ihn zu hassen. Du denkst vielleicht, dass einige Menschen auf dieser Welt wirklich schlecht sind. Aber bringt es dir etwas, wenn du schlecht über jemanden denkst oder ihn hasst? Im Gegenteil – durch deinen Hass wirst du etwas sehr Süßes in dir selbst verlieren. Warum solltest du etwas sehr Wertvolles in dir aufgeben, nur weil du jemanden durch deinen Hass verbessern willst? Wir sollten weise sein. Du magst sagen, dass dieser Mensch sehr schlimm ist und du etwas unternehmen musst. Doch Hass ist nicht die richtige Waffe. Wenn du die richtige

Waffe einsetzen willst, die wirkungsvollste Waffe, dann solltest du deine Liebe zum Vorschein bringen.

Du meinst vielleicht, Liebe sei keine kraftvolle Waffe, während Hass wie ein scharfes Messer ist. Nein. Liebe ist unendlich viel mächtiger als Hass. Wenn du jemanden liebst, müssen seine göttlichen Eigenschaften hervorkommen. Wenn dir jemand etwas Schlimmes angetan hat, willst du ihn dafür natürlich sofort bestrafen und zurückschlagen. Doch was passiert, nachdem du zurückgeschlagen hast? In dir gibt es etwas, das man ‚Gewissen‘ nennt. Dieses Gewissen wird dich nicht in Ruhe lassen. Du wirst dich fragen: „Was habe ich getan? Er hat zwar etwas Schlechtes getan, aber jetzt habe ich mich ebenfalls schlecht verhalten. In welcher Hinsicht bin ich nun besser als er?"

Die Menschheit lieben

Wenn du die Menschheit wirklich lieben willst, dann solltest du sie so lieben, wie sie jetzt ist. Wenn die Menschheit erst vollkommen werden müsste, um von dir angenommen zu werden, dann bräuchte sie deine Liebe, deine Zuneigung und Anteilnahme nicht. Doch gerade in ihrem jetzigen unvollkommenen Bewusstseinszustand braucht die Menschheit deine Liebe. Du bist Gottes Schöpfung – genau wie die Menschheit auch. Du kannst und musst sie lieben, denn ehe die Menschheit nicht ihr höchstes Ziel verwirklicht hat, wird deine eigene göttliche Vollkommenheit nicht vollständig sein. Die Menschheit ist nur ein Ausdruck deines universellen Herzens.

Du solltest die Menschen um dich herum als Teile deines eigenen Körpers sehen. Ohne sie bist du unvollständig. Du glaubst vielleicht, dass einige von ihnen weniger entwickelt oder weniger wichtig sind, aber ein jeder hat seine Aufgabe zu erfüllen. Gott hat fünf Finger geschaffen. Obwohl einige kürzer oder schwächer sind als die anderen, weißt du doch, dass du nur mit fünf Fingern vollkommen bist. Dein Mittelfinger ist der Größte. Wenn du meinst, dass du deshalb deine kürzeren Finger nicht brauchst, so ist das leider falsch. Wenn du Klavier spielen oder Schreibmaschine schreiben willst, brauchst du alle fünf Finger.

Du kannst deine Mitmenschen nur lieben, wenn du die Notwendigkeit der Welt-Vervollkommnung und Welt-Verwandlung spürst. Wenn du als Einzelner isoliert bleibst, wird die Vollkommenheit, die du erreichst, sehr begrenzt sein. Unbegrenzte Vollkommenheit wird erst dann dämmern, wenn wir die Menschheit als Ganzes lieben. Nur indem wir die Menschheit als Teil unseres eigenen Lebens annehmen und gleichzeitig mithelfen, die Menschheit mit unserer eigenen Erleuchtung zu vervollkommnen, können wir uns selbst erfüllen.

Sei universell in deiner Liebe.
Du wirst das Universum als Bild
deines eigenen Wesens erkennen.

Sich selbst lieben

Wenn wir uns auf eine emotionale oder egoistische Weise lieben, dann begrenzen und binden wir uns. Wir müssen uns lieben, weil Gott in uns atmet, weil Gott sich in uns und durch uns zu erfüllen sucht. Wir müssen uns lieben, weil unsere Existenz und Gottes Wirklichkeit ein und dasselbe sind.

Im Zuge unserer Evolution machen wir beständig Fortschritt. Langsam und stetig befreien wir uns von Ärger, Zweifel und anderen ungöttlichen Eigenschaften, die unseren Weg versperren. Nur weil wir heute mit Fehlern behaftet sind, können wir nicht sagen, dass diese ungöttlichen Kräfte uns niemals

verlassen werden. Wir sollten in die Vergangenheit zurück-
blicken und vergleichen, wie viele Stunden am Tag wir früher
im Unwissenheitsleben verbrachten, und wie viele Stunden am
Tag wir jetzt im Leben spirituellen Strebens verbringen. Auf
diese Weise werden wir ohne jeden Zweifel erkennen, dass wir
Fortschritt machen.

Wenn der wahre, der höchste, der erleuchtetste Teil in uns
zum Vorschein kommt, dann erst lieben wir uns wirklich auf
göttliche Weise. Wir lieben uns, weil uns bewusst wird, wer
wir in Ewigkeit sind. Heute sind wir Gott, das innere Streben.
Dank der Kraft unseres Glaubens an unsere innere Göttlichkeit
werden wir morgen zu Gott, der Verwirklichung.

Wenn du dich verstehen willst,
dann analysiere dich nicht.
Liebe dich einfach aufrichtiger,
Seelenvoller und hingebungsvoller.

Ein Leben der Liebe

Leben ist nichts anderes als die Ausdehnung der Liebe. Wir
können göttliche Liebe entwickeln, indem wir in unsere Quelle
eintauchen. Unsere Quelle ist Gott, der All-Liebe ist. Wir sollten
versuchen, die gesamte Menschheit mit dem inneren Gewahrsein, dem inneren Bewusstsein und mit der inneren Überzeugung zu lieben, dass in jedem Einzelnen die lebendige Gegenwart Gottes atmet.

Indem du anderen deine Liebe schenkst, kannst gleichzeitig
du deine Fähigkeit vergrößern, Liebe zu empfangen. Je mehr
du gibst, desto mehr empfängst du. Selbstausdehnung ist Gott-

Ausdehnung. Du erweiterst deine eigene Wirklichkeit inner-
halb Gottes allumfassender Wirklichkeit.

Du kannst empfänglicher für die göttliche Liebe werden,
wenn du täglich fühlen kannst, dass deine Quelle reine Liebe
ist, und dass du auf der Erde bist, um die Liebe, die du schon
besitzt, beständig in Gedanken und Werken weiterzugeben. In
jedem Augenblick hast du zahlreiche Gedanken; und in jedem
deiner Gedanken kannst du Liebe anbieten. Und bei allem,
was du tust, kannst du fühlen, dass deine Handlung nichts
anderes als ein Ausdruck der Liebe ist. Wenn du in deinem
Denken und Handeln fühlen kannst, dass du der Menschheit,
der übrigen Welt, deine Liebe darbringst, wirst du empfänglicher für die allumfassende Liebe.

Liebe ist die verwandelnde Kraft in unserer menschlichen
Natur. Liebe verwandelt unser Leben tiefster Unfreiheit in ein
Leben mächtigster Freiheit. Liebe sehnt sich nach Leben. Liebe
kämpft um das Leben. Und schließlich wächst Liebe in das
ewige Leben hinein.

Der Mensch ist von Natur aus ein Liebender.
Doch muss er den wahren Gegenstand seiner Liebe
erst noch entdecken.
Diese Suche erweckt ihn zur Erfüllung
seines wahren Selbst.

Kapitel 8

Vom Eifersuchts-Fieber zum Einsseins-Herzen

Eifersucht,
du stiehlst die Reinheit aus meinem Verstand,
du störst den Frieden meines Herzens,
du dringst in die Göttlichkeit meines Lebens ein.

Im gewöhnlichen menschlichen Leben ist Eifersucht etwas Alltägliches. Wir sind uns der Tatsache nicht bewusst, dass Eifersucht und Neid all unsere Möglichkeiten zunichte machen und all unsere inneren Fähigkeiten zerstören kann. Deshalb versuchen wir nicht, über sie hinauszugehen oder sie zu besiegen.

Wir sind eifersüchtig auf andere, weil sie bestimmte Fähigkeiten besitzen oder Dinge erreicht haben, die wir nicht vollbringen konnten. Betrachten wir jedoch einmal, wie weit uns Eifersucht tatsächlich bringt. Eifersucht kann unser Bewusstsein niemals erweitern. Wir sehen im Gegenteil, dass mit der Eifersucht auch Begrenzung in uns eindringt. Wenn Begrenzung in uns eindringt, wird sie von ihrem Freund, der Unvollkommenheit begleitet. Der Unvollkommenheit folgt immer die Zerstörung. Wenn wir auf andere eifersüchtig werden, öffnen wir diesen drei Brüdern – der Begrenzung, der Unvollkommenheit und der Zerstörung – die Tür, so dass sie einer nach dem anderen, in uns eintreten können.

Akbars schlauer Minister

Dies ist eine traditionelle indische Geschichte über Eifersucht und Neid. Der große Mogulkaiser Akbar hatte einen Minister, der zugleich auch Hofnarr war. Sein Name war Birbal. Einst fragte Akbar Birbal zum Spaß: „Wie kommt es, dass auf meiner Handfläche keine Haare wachsen? Überall sonst auf meinem Körper bin ich behaart. Wie kommt es, dass auf der Innenseite meiner Hand keine Haare zu finden sind?"

Birbal antwortete zugleich: „Weil du immer viel Geld in deiner Hand hast, um es wegzugeben. Deine Handflächen werden dauernd gerieben, so dass alle Haare dort weggerieben werden."

„Aber wie kommt es, dass du ebenfalls keine Haare auf deinen Handflächen hast?" fragte Akbar. Birbal erwiderte schlau: „Weil ich dauernd Geld von dir bekomme, sind meine Handflächen ebenfalls wie glattgerieben. Du gibst mir ständig Geld, ich nehme ständig Geld von dir, und deshalb haben wir keine Haare auf unseren Handflächen."

„Aber was ist mit denen, die nicht wie du Geld von mir bekommen? Warum haben sie keine Haare auf ihren Handflächen?"

„Oh, weil sie sehr eifersüchtig und neidisch sind. Sie denken fortwährend an das Geld, das du mir gibst. Sie reiben sich beständig ihre Hände in der Erwartung, ebenfalls Geld zu bekommen. Sie brennen ständig vor Neid, Gier und Eifersucht und so reiben und reiben sie ihre Hände ohne Unterlass. Deshalb haben sie ebenfalls keine Haare auf ihren Handflächen."

Akbar war höchst amüsiert und zufrieden, doch denjenigen, die Birbal zugehört hatten, waren seine Anschuldigung furchtbar peinlich, und sie senkten voller Scham die Köpfe.

Wenn man eifersüchtig auf das wird, was der Gebende besitzt oder was der Nehmende empfängt, kann man niemals

Freude oder inneren Frieden besitzen. Wenn wir von Eifersucht oder anderen negativen Kräften bedroht werden, sollten wir fühlen, dass in uns der allerstärkste Freund ist, und dieser Freund ist die Seele. Lasst uns unter den Schwingen der Seele Schutz suchen. Lasst uns die Seele anrufen und um ihre Führung beten. Wenn wir uns an diesen Freund wenden, wird unsere Seele selbstverständlich für uns gegen die negativen Kräfte kämpfen – unsere Seele wird uns retten, beschützen, erleuchten und vervollkommnen.

Eifersucht, Bewunderung oder Wettstreit?

Was ist der Unterschied zwischen Eifersucht und Bewunderung? Bei aufrichtiger Bewunderung fühlst du die Anwesenheit eines Ideals in deinem Leben. Du magst nicht in der Lage sein, das zu tun, was ein anderer geschafft hat, aber du bewunderst ihn und seine Tat. Das bedeutet, dass du ein spontanes Bedürfnis verspürst, das zu erreichen oder zu dem zu werden, was der andere erreicht hat. Solche aufrichtige Bewunderung ist kein Zeichen der Unterlegenheit. Sie ist eher ein Zeichen der gegenseitigen Anerkennung zweier Seelen.

Eifersucht ist etwas völlig anderes. Wenn du eifersüchtig auf jemandes Erfolg bist, hast du das Gefühl, du würdest diesem Menschen am liebsten ein Messer in den Rücken stechen, wenn du die Gelegenheit dazu hättest. Du versuchst vielleicht, deine Eifersucht zu verbergen, weil du fürchtest, in der inneren oder in der äußeren Welt bloßgestellt zu werden. Doch allein die Anwesenheit von Eifersucht in dir ist schon überaus schädlich.

Manchmal entsteht Eifersucht aus einem Gefühl des Wettbewerbs heraus, wenn wir die Leistungen anderer übertreffen wollen. Doch wir sollten uns nicht mit anderen messen, um unsere Überlegenheit zu beweisen. Denken wir stattdessen lieber an die Notwendigkeit unseres Fortschritts. Versuchen wir einzig und allein, uns selbst zu übertreffen. Unsere persönliche Einstellung ist dabei von größter Wichtigkeit. Wir sollten die Haltung einnehmen, dass wir nicht über uns selbst hinauswachsen wollen, um unseren eigenen Ruhm zu mehren, sondern um die Fähigkeiten der Welt zu vergrößern und um ihr gegenwärtiges Niveau zu heben. Und dann sollten wir unsere Errungenschaften mit einem hingebungsvollen und seelenvollen Herzen Gott anbieten, unserer Quelle.

Die Eifersucht besiegen

Es gibt verschiedene praktische Wege, Eifersucht zu besiegen. Die gewöhnliche menschliche Methode besteht darin, zu sagen: „Ich kann viel besser singen als der andere, aber ich singe nicht, weil ich meine Zeit nicht damit verschwenden will." Dies ist eine raffinierte Methode, sich selbst davon zu überzeugen, dass man besser ist. Die spirituelle Variante, Eifersucht zu besiegen, besteht darin, sich mit dem Menschen, auf den man eifersüchtig ist, eins zu fühlen. Wenn jemand zum Beispiel ein besserer Schauspieler ist als du, dann fühle einfach, dass du selbst es bist, der spielt. Auf diese Weise kannst du Eifersucht besiegen und gleichzeitig dein eigenes Bewusstsein ausdehnen.

Sobald unsere Eifersucht verschwunden ist, werden wir sofort fühlen, dass die Person, auf die wir eifersüchtig waren, jetzt ein echter Freund ist. Wir werden für sie oder für ihn Gefühle der Freundschaft und Liebe empfinden. Und schließlich werden wir erleichtert sein, dass der schmerzhafte Eifersuchtspfeil aus uns entfernt wurde.

Wenn unser Einssein mit unserer Quelle – mit Gott – gefestigt ist, können wir auf niemanden mehr eifersüchtig sein. Wenn wir fühlen, dass unsere Wirklichkeit Gott ist, dann ist jeder Mensch wie ein Teil unseres bewussten, hingebungsvollen und ergebenen spirituellen Körpers. Wenn alle Menschen Teile meines Körpers sind, dann sind sie auch Teil meiner Existenz. Wie kann ich dann eifersüchtig auf sie sein? Wenn wir untrennbares Einssein mit der Quelle errichten, ist das Problem der Eifersucht leicht zu lösen.

Du wirst fähig sein, deine Eifersucht zu besiegen, wenn du Gott mehr liebst. Du bist vielleicht eifersüchtig auf jemanden, weil er ein bekannter Fotograph ist. Er wiederum mag eifersüchtig auf dich sein, weil du ein berühmter Reporter bist. Diese Art Eifersucht nimmt kein Ende. Doch es gibt noch eine dritte Partei, die für euch beide verantwortlich ist, und das ist Gott. Wenn du Gott liebst und eins mit ihm wirst, dann wirst du in der Lage sein, dich mit den Fähigkeiten anderer zu identifizieren. Wenn du eins mit der Quelle dieser Fähigkeiten wirst, stellt sich das Problem der Eifersucht nicht mehr. Wenn du die Eifersucht wirklich besiegen willst, dann liebe den Einen, der dir und allen anderen eure Fähigkeiten gegeben hat.

Der Eifersuchts-Biss
ist eine Krankheit.
Die beste und wirksamste Medizin
ist mutiges Einssein.

Wir schaden uns nur selbst

Wenn wir unsere Zeit damit verbringen, uns negativen Gedanken über jemanden hinzugeben – aus Eifersucht, Zweifel oder Ärger – dann machen wir diese Person in Wirklichkeit zu unserem Herrn. Wir sollten gut darauf achten, wie viel Zeit wir damit verbringen, an andere zu denken, und wie viel Zeit wir an den Supreme denken. Wenn wir Zeit damit verschwenden, mit unserem Zweifel, unserer Eifersucht, unserem Ärger und anderen negativen Kräften an andere zu denken, dann wird sich unser eigener Fortschritt verzögern.

Wenn wir schnellen Fortschritt machen wollen, sollten wir niemals andere kritisieren oder schlecht über sie reden. Wir haben genug eigene Probleme. Wenn wir jemanden kritisieren, stellen wir nur die Probleme in den Vordergrund, an denen diese Person zu tragen hat. Lassen wir das Kritisieren, bemühen wir uns nur um unsere eigene Vervollkommnung. Seien wir für uns selbst verantwortlich und lassen wir andere die Verantwortung für sich selbst tragen. Auf diese Weise hat jeder ausreichend Freiheit, sein Ziel zu erreichen.

Der Eifersuchtsdolch deines Verstandes
hat dich schwer verwundet.
Wenn du geheilt werden willst,
versuche so schnell wie möglich
die Flammen deines strebenden Herzens
zu entdecken.

Die Meditations-Medizin

Nicht die Gefühle von Angst, Zweifel oder Eifersucht selbst machen uns unglücklich, sondern ihre Nachwirkungen – wenn uns nämlich bewusst wird, was wir getan haben. Da wir an diesen Nachwirkungen schon oft gelitten haben, sollten wir sofort etwas unternehmen, um uns zu heilen. Wenn in Indien jemand an Malaria leidet, verschreiben die Ärzte Chinin. Chinin ist sehr, sehr bitter. Wenn du Gefühle der Eifersucht hegst, ist Meditation wie Chinin, sehr bitter und trocken. Doch wenn du weißt, dass die Meditations-Medizin dich von deinem

Zweifels-, Angst- und Eifersuchtsfieber heilen wird, ist es das Beste, sie einzunehmen.

Bevor du mit der Meditation beginnst, wiederhole Folgendes: „Angst, verschwinde aus meinem Leben! Zweifel, verschwinde aus meinem Leben! Eifersucht, verschwinde aus meinem Leben! Unsicherheit, verschwinde aus meinem Leben! Ich brauche euch nicht und werde euch niemals brauchen." Dann werden diese vier aus dir heraustreten und dich fragen: „Was willst du?" Du wirst antworten: „Ich will nur Meditation; ich will nur Gott. Der Beweis dafür ist, dass ich ohne euch leben kann, aber ihr könnt nicht ohne mich leben. Angst, du kannst ohne mich nicht leben, darum kommst du und suchst Zuflucht in meinem Körper. Eifersucht, du kannst ohne mich nicht leben, darum kommst du und suchst Zuflucht in meiner Lebenskraft. Zweifel, du kannst ohne mich nicht leben, darum kommst du und suchst Zuflucht in meinem Verstand. Unsicherheit, du kannst ohne mich nicht leben, darum kommst du und suchst Zuflucht in meinem Herzen." Wenn du diese vier auf göttliche Weise herausforderst, werden sie sagen, dass es unter ihrer Würde ist, bei dir zu bleiben. „Wenn du ohne uns leben kannst, warum sollten wir dann nicht auch ohne dich leben können?" werden sie fragen und dich verlassen. In diesem Augenblick wirst du deine vollkommene Meditation haben.

*Du willst
das ewige Fieber der Eifersucht
überwinden?
Ich werde dir
ein großes Geheimnis anvertrauen:
Liebe einfach und werde eins
mit deinem Einsseins-Herzen.*

Kapitel 9

Zwei schnelle Läufer –
Fröhlichkeit und Enthusiasmus

Bleibe fröhlich,
denn nichts Zerstörerisches
kann die Mauer der Fröhlichkeit
durchdringen.

Im Spiel des Lebens geht jede Seele, bewusst oder unbewusst, dem Ziel der inneren Vollkommenheit entgegen. Natürlich willst du dort so schnell wie möglich ankommen. Dazu solltest du dein äußeres Leben vereinfachen – dein Leben der Verwirrung, der Wünsche, der Angst und der Sorgen. Gleichzeitig solltest du dein inneres Leben stärken – dein Leben des inneren Strebens, der Hingabe und der Erleuchtung.

Wenn wir unsere Meditationsreise früh am Morgen beginnen, sollten wir fühlen, dass wir unsere gestrige Reise fortsetzen. Am nächsten Tag sollten wir fühlen, dass wir eine weitere Meile zurückgelegt haben. Wir wissen, dass wir eines Tages unser Ziel erreichen werden. Selbst wenn unsere Geschwindigkeit nachlässt, müssen wir weiterlaufen. Wenn wir dann das Ziel erreichen, werden wir feststellen, dass sich die Anstrengung gelohnt hat.

Die Bedeutung des Handelns

Wenn du glaubst, dass du dich aus dem äußeren Leben zurückziehen musst, um Frieden zu erlangen, unterliegst du einem großen Irrtum. Im Rückzug aus dem Leben werden wir niemals Erfüllung finden. Im Tätigsein machen wir Fortschritt und erreichen etwas. Im Handeln, im schöpferischen Tun und in der Manifestation finden wir Erfüllung und Zufriedenheit.

Betrachten wir einen Fluss. Ein Fluss fließt unaufhörlich in Richtung Meer. Er trägt dabei alle möglichen Dinge mit sich – Schmutz, Steine, Blätter, Sand –, die er auf dem Weg zu seinem Ziel aufnimmt, doch er bleibt stets in Bewegung. Wir sollten unser Leben auch als einen Fluss sehen, der dem Meer der Erfüllung entgegenströmt. Wenn wir Angst davor haben zu handeln, weil wir nicht mit den Unvollkommenheiten der äußeren Welt in Berührung kommen wollen, werden wir unser Ziel niemals erreichen.

Wir müssen handeln. Wenn wir uns aus dem Leben zurückziehen, erklären wir damit Gott bewusst und in voller Absicht, dass wir in Seinem Spiel nicht mitspielen wollen. Wenn wir allerdings ein bestimmtes Ergebnis von unserem Handeln erwarten, wird Frieden niemals in unser Leben einkehren. Wir werden enttäuscht sein, wenn das Ergebnis nicht unseren Erwartungen entspricht. Wir werden denken, dass wir versagt haben. Wenn das geschieht, kann es für uns natürlich keinen Frieden geben.

Wir sollten fühlen, dass Handeln selbst ein großer Segen ist; das Ergebnis unserer Handlung jedoch müssen wir als eine Erfahrung betrachten. Mit unserer eigenen begrenzten Sichtweise werden wir das Resultat entweder als Fehlschlag oder als Erfolg auffassen. Aus der Sicht Gottes jedoch sind Misserfolg wie Erfolg nur Erfahrungen, die helfen, unser Bewusstsein weiter zu entwickeln. Was auch immer geschieht, wir sollten das Ergebnis unseres Handelns als die Erfahrung ansehen, die Gott uns geben wollte. Heute gibt Er uns vielleicht die Erfahrung des Misserfolgs. Morgen kann Er uns eine andere Erfahrung geben, die uns äußerlich zufrieden stellt. Welches Ergebnis wir auch immer von unserem Handeln erhalten, wir sollten stets versuchen, damit zufrieden zu sein.

Wenn du
den schnellsten Fortschritt machen willst,
sei ein vollkommen fröhlicher
und heldenhafter Krieger
und betrachte Sieg wie Niederlage
als zwei Erfahrungsflüsse,
die parallel zueinander zum Meer
der Fortschritts-Wonne führen.

Die Anwesenheit Gottes fühlen

Wenn wir arbeiten, können und sollten wir fühlen, dass wir für Gott arbeiten. Im Augenblick magst du deine äußere Arbeit einfach nur als Arbeit ansehen. Doch wenn du Arbeit als eine Gelegenheit betrachten kannst, deine göttlichen Fähigkeiten auszudrücken oder deine guten Eigenschaften zum Vorschein zu bringen, dann arbeitest du in diesem Augenblick ganz gewiss für Gott. Wenn du bewusst fühlst, dass du für Gott arbeitest, bewegst du dich auf dein Ziel der Vollkommenheit zu.

Versuche, in all deinen Tätigkeiten die Anwesenheit Gottes zu fühlen. Während du beispielsweise dein Kind fütterst, stell dir vor, dass du Gott in ihm nährst. Während du dich mit jemandem im Büro unterhältst, kannst du dir vorstellen, zum Göttlichen in diesem Menschen zu sprechen.

Enthusiasmus

Es ist immer gut, in seinem Leben Begeisterung zu fühlen. Ohne Begeisterung gibt es keinen Fortschritt. Wenn wir jedoch über-eifrig sind, werden wir versuchen, Dinge zu erlangen, bevor wir bereit für sie sind. Wenn wir uns fest vornehmen, Gott bis zu einem bestimmten Zeitpunkt zu verwirklichen, ist unsere Enttäuschung vorprogrammiert. Wenn wir aufrichtig sind, wird uns Gott zu Seiner auserwählten Stunde Verwirklichung geben.

Wenn du an einem bestimmten Tag keinen Enthusiasmus und keine Inspiration verspürst, dann versuche dich an eine freudige Erfahrung aus deiner Vergangenheit zu erinnern. Die Freude, die du von deinen früheren Errungenschaften erhalten hast, wird dir jetzt weiterhelfen. Sehr bald wirst du nicht nur deine frühere Größe wieder erreichen, sondern sogar über sie hinausgehen. Du machst dir dabei nichts vor, du bringst einzig und allein Freude in dein Wesen und diese Freude ist Zuver-sicht. Versuche zu fühlen, dass dein Problem nur ein kleines Hindernis ist, das du bald überwinden wirst.

Ein Weg, seine Begeisterung und seinen Enthusiasmus auf-recht zu erhalten, besteht darin, sich nicht wie jemand zu füh-len, der fünfundzwanzig, dreißig, vierzig oder fünfzig Jahre alt ist. Stelle dir vor, du seist ein Kind von nur sechs oder sieben Jahren. Ein Kind sitzt nicht still, es läuft ständig umher. Iden-tifiziere dich mit der Quelle dieser Begeisterung.

Dein äußeres Lächeln kann dir ebenfalls helfen, deinen Enthusiasmus zu bewahren. Wenn du lächelst, entwaffnest du deine negativen Gedanken und Gefühle. Wenn du lächelst, während du mit deinem Feind kämpfst und ringst, wird dein Feind wie von selbst einen Teil seiner Kraft verlieren. Überliste also deinen Gegner durch dein Lächeln. Das mag absurd klin-gen, doch ich versichere dir, dass es wirkt. Betrachte die Welt der Negativität einfach wie einen Feind, dem du durch dein Lächeln Kraft rauben kannst.

Zudem solltest du ein klares Ziel vor Augen haben. Wenn dir dieses Ziel wichtig ist, dann wird das Ziel selbst dir Enthusiasmus und Frische geben. Wenn es sich um ein lohnendes Ziel handelt, wird das Ziel selbst dir innerlich helfen.

Wie für alles andere, brauchen wir auch für die Meditation Enthusiasmus. Wenn dir Enthusiasmus fehlt, versuche jeden Tag aufrichtig, hingegeben und seelenvoll zu fühlen, dass dies die letzte Gelegenheit für dich ist, das Höchste durch deine Meditation zu verwirklichen. Wenn du am Abend feststellst, dass du Gott noch nicht verwirklicht hast, dann tröste dich. Denke daran, dass du am nächsten Morgen eine neue Gelegenheit erhältst. Doch wenn der Morgen kommt, sage dir wieder: „Heute ist meine letzte Chance. Heute muss ich Gott verwirklichen, weil ich sonst keine Gelegenheit mehr dazu erhalten werde." Dann wirst du versuchen, deine beste Meditation zu haben. Selbst wenn du wieder und wieder scheiterst, wirst du nicht deprimiert sein, weil du weißt, dass du dich aufrichtig bemüht hast.

Deine Niederlagen
auf dem Schlachtfeld des Lebens
werden bald enden,
weil Dein Verstand
der spontanen Begeisterung Deines Herzens
nicht länger gleichgültig gegenübersteht.

Gift und Gegengift

Niedergeschlagenheit ist eine starke, ungöttliche Kraft, die den reinen Atem der Freude zerstört. Hilft uns Niedergeschlagenheit in irgendeiner Weise? Niemals. Wenn du niedergeschlagen oder deprimiert bist, werden deine Probleme noch größer. Versuche stattdessen, so fröhlich wie möglich zu sein. Wenn du fröhlich sein kannst, verschwindet die Hälfte deines mentalen Fiebers von selbst.

Sage zu dir selbst: „Wenn meine Quelle Gott ist, das uneingeschränkte, grenzenlose Licht, dann bin ich dazu bestimmt, eines Tages zu meiner Quelle zurückzukehren. Während meines Aufenthaltes auf der Erde habe ich unglücklicherweise einige negative, zerstörerische Erfahrungen gemacht, von denen ich mich nun befreien muss. Dazu muss ich mich einzig und allein auf die göttlichen Dinge konzentrieren, die mich erfüllen werden, und nicht auf das, was mir im Wege stand." Auf diese Weise kannst du bewusst Licht in dein gesamtes Wesen herabbringen, und deine dunkle Kammer der Niedergeschlagenheit wird in einen hell erleuchteten Raum verwandelt werden.

Lass mich ein Beispiel geben. Was tust du, wenn du bei einem Rennen disqualifiziert wirst? Du wirst einen neuen Tag abwarten und es noch einmal versuchen. Wenn du deine Bemühung aufgibst, nur weil du eine unglückliche Erfahrung gemacht hast, wirst du das Ziel niemals erreichen. Ebenso kann eine traurige Erfahrung nicht die endgültige Erfahrung sein. Betrachte sie als eine Wolke, die vorüberzieht. Du wirst ganz bestimmt aus dieser Wolke herauskommen. Ein weiser Mensch wird eine unglückliche Erfahrung als eine Herausforderung betrachten, als eine Möglichkeit, einer unangenehmen Wirklichkeit mit einem fröhlichen Lachen zu begegnen. Ein Narr wird sein Schicksal verfluchen und andere verfluchen. Er wird glauben, dass ein solches Missgeschick nur ihm widerfährt. Jede Erfahrung im Leben kann sinnvoll und segensreich sein, wenn wir sie auf die richtige Art und Weise annehmen. Wenn du weißt, dass du das Gift der Niedergeschlagenheit genommen hast, musst du das Gegengift einnehmen: Fröhlichkeit. Das kannst du tun, indem du dich daran erinnerst, dass du einmal fröhlich warst, und wie diese Fröhlichkeit dir geholfen hat.

Freudige Dankbarkeit

Ein besonderer Weg, Gott unsere Dankbarkeit darzubringen, ist ständiges Fröhlichsein. Um wirklich dankbar zu sein, müssen wir glücklich sein. In spirituellem Glücklichsein, im Glücklichsein, das aus selbstlosem Sich-Geben und aus innerem Streben kommt, nimmt Dankbarkeit einen großen Platz ein. Wenn wir inneres Glücklichsein besitzen, brauchen wir nirgendwo nach Dankbarkeit zu suchen. In unserer hingebungsvollen Fröhlichkeit, in unserer seelenvollen Fröhlichkeit werden wir unweigerlich stetig wachsende Dankbarkeit gegenüber dem Supreme entdecken.

Fröhlichkeit ist das bewusste Gewahrsein unserer inneren Göttlichkeit. Wenn wir glücklich sind, kritisieren wir Gott nicht. Im Gegenteil, wir zeigen Ihm unsere Dankbarkeit. Du kannst spontane Freude fühlen, wenn du daran denkst, was du einst warst, und Dankbarkeit empfindest für das, was aus dir bereits geworden ist. Sieh, welchen Fortschritt du schon gemacht hast, und fühle dank dieses Fortschritts, dass du dem Ziel entgegengehst.

Furchtlose Begeisterung und
unvergängliche Fröhlichkeit
können ohne Zweifel
alles auf Erden erreichen.

Kapitel 10

Die Herabkunft des Mitgefühls

Wenn du die Welt
in einem besseren Zustand verlassen willst,
als du sie vorgefunden hast,
dann benutze
dein Herz des Mitgefühls und
dein Leben der Anteilnahme.

Mitgefühl und Mitleid sind ein spiritueller Magnet, der uns zu anderen Menschen hinzieht. Wenn wir Mitgefühl und Anteilnahme empfinden, bemerken wir, dass bereits ein innerer Magnet am Werk ist. Mitgefühl basiert auf unserem mitfühlenden Einssein. Wenn mein Knie schmerzt, lege ich meine Hand darauf und empfinde Mitgefühl für mein Knie. Warum? Weil mir bewusst ist, das mein Knie ein integraler Bestandteil meiner eigenen Existenz ist. In ähnlicher Weise entwickeln wir sehr leicht Mitgefühl, wenn wir unser Einssein mit jemandem fühlen. Wenn wir das Leiden eines anderen Menschen als unser eigenes empfinden, wenn wir gewillt sind, uns als einen Teil im Leben des anderen zu sehen, dann kommen unser Mitleid, unser Mitgefühl, unsere Anteilnahme und andere göttliche Eigenschaften unmittelbar zum Vorschein.

Im allgemeinen ist mit dem sogenannten Mitleid, das ein Mensch für einen anderen empfindet, ein Gefühl von Getrenntsein und Unterlegenheit verbunden. Derjenige, der meint, Mitleid zu empfinden, fühlt sich überlegen; derjenige, der dieses Mitleid empfängt, fühlt sich unterlegen. Manche Menschen wollen uns das Gefühl geben, dass sie reiner und spirituell stärker sind als wir. Sie glauben, uns Mitleid zu schenken, doch in Wirklichkeit haben sie gar kein Mitleid.

Wahres Mitleid oder Mitgefühl entspringt nicht einem Gefühl der Überlegenheit, sondern dem Gefühl des Einsseins. Wenn das Gefühl des Einsseins vorhanden ist, wird darin alles Göttliche, Inspirierende, Erleuchtende und Erfüllende ebenfalls anwesend sein. Wahres Mitleid bzw. Mitgefühl schließt all unsere guten Eigenschaften in sich ein: unser Wohlwollen, unsere selbstlose Hingabe, unsere Bereitschaft und Bereitwilligkeit, der Menschheit zu dienen. All diese Eigenschaften werden wir zum Vorschein bringen, wenn wir Einssein mit anderen Menschen fühlen.

Wohltätigkeit oder Mitgefühl

Die Welt glaubt, dass Wohltätigkeit die Tür zum Himmel öffnet, doch das ist falsch. Wohltätigkeit ist nicht notwendigerweise ein Zeichen für echte Anteilnahme und echte Liebe. Wenn echte Anteilnahme und echte Liebe fehlen, kann die Tür zum Himmel niemals offen stehen. Nicht Wohltätigkeit, sondern ein Gefühl des Einsseins öffnet die Tür zum Himmel. Ohne Einssein sind wir an den endlosen Tanz von Überlegenheit und Unterlegenheit gebunden.

Nur Einssein kann uns Erfüllung schenken. Wenn ich jemandem Geld oder etwas anderes gebe, sollte ich fühlen, dass ich damit mein eigenes Einssein mit der Welt vergrößere. Ich sollte fühlen, dass nicht ich es bin, der hilft. Im Gegenteil, mir wird geholfen. Das ist nicht Wohltätigkeit, sondern ein Geben meiner selbst, um mein höheres Selbst voll und ganz hier in dieser Welt zu verwirklichen.

Gottes mitleidsvolle Vergebung

Wir können mitfühlender und mitleidsvoller werden, wenn wir an jemanden denken, der unendlich viel mitfühlender ist als wir selbst, und das ist Gott. Gottes Mitgefühl kann nicht beschrieben werden. Wir machen ständig etwas falsch, aber Er vergibt und vergibt. Da Gott sein Mitleid beständig auf uns herabregnen lässt, sollte es auch für uns leicht sein, Mitgefühl zu haben, wenn die Menschen um uns Fehler machen. Wenn wir einmal erkennen, dass Gott nichts anderes ist als unser eigenes, erleuchtetes Selbst, dann werden Überlegenheit und Unterlegenheit sich im Einssein auflösen, und wir können Gottes unendliches Mitleid als unser Eigen betrachten.

Mein Morgen beginnt,
indem er Gottes Mitleids-überflutetes Auge
als sein Eigen, ganz sein Eigen
beansprucht.

Jüngere Geschwister

Zwischen Mitgefühl und Bedauern besteht ein großer Unterschied. Wenn wir jemanden bedauern, fühlen wir, dass er uns unterlegen ist. Wir sind vom anderen Tausende von Kilometern entfernt oder stehen Hunderte von Kilometern über ihm. Mit Mitgefühl jedoch gehen wir einfach auf den anderen zu und werden eins mit ihm. Als du sieben oder acht Jahre alt warst, hast du vieles falsch gemacht. Du hast Himalaya-hohe Dummheiten angestellt. Doch deine Eltern haben dir vergben, weil du ein Kind warst. Mitgefühl kommt von selbst, wenn du dir vorstellst, dass jemand nur ein Kind ist und etwas nicht besser versteht. Wenn andere etwas falsch machen, betrachte sie einfach als deine jüngeren Brüder und Schwestern. Heute können sie es nicht besser, aber eines Tages werden sie beginnen, ihrem Ziel entgegenzugehen, dann zu marschieren, und schließlich zu laufen.

Die schützenden Arme des Vaters

Wo immer wir auch sind, werden wir von Gottes Mitleidsmagneten angezogen. Zu Gottes Leidwesen fürchten wir uns jedoch davor, von seinem Mitleid gefangen zu werden. Obwohl viele Menschen Gott lieben, haben sie gleichzeitig Angst vor Ihm. Sie glauben, dass Gott sie bestrafen wird, wenn sie etwas Falsches tun. Doch Gott liebt uns bedingungslos. Wenn wir spirituelle Disziplin üben, sollte es niemals aus Angst geschehen. Wo Einssein ist, kann es keine Angst geben.

Wie können wir Gott jemals erreichen oder irgendetwas von ihm empfangen, wenn wir uns vor Ihm fürchten? Wenn ein Kind Angst vor seinem Vater hat, wird es ihn meiden. Wenn ein Kind seinen Vater jedoch liebt, fühlt es, dass der Vater seine Macht nicht dazu benutzen wird, es zu schlagen, sondern es zu beschützen.

Wenn du dir dessen bewusst bist, dass du etwas Falsches getan hast, dann laufe mit Hilfe deines Gebetes und deiner Meditation einfach zu deinem ewigen Vater. Er wird dir Sein höchstes Mitleid schenken und deinen Fehler ungeschehen machen. Gottes Mitleid wird dein Schicksal verändern.

Gottes Vergebung findet mich,
wo immer ich auch bin.

Lass die Sonne scheinen

Gottes Gnade ist für alle Menschen da, wie die Strahlen der Sonne. Die Sonne scheint immer, aber was machen wir? Wir halten Türen und Fenster geschlossen und sperren das Sonnenlicht aus. So erhalten wir nicht den Segen der Morgensonne. Genauso strömt Gottes Gnade ständig herab, aber wir halten unsere Herzenstüre nicht immer offen, um die Gnade in unser Wesen einfließen zu lassen.

Du kannst das Mitgefühl des Supreme in dein Wesen herab bringen, indem du einfach wie ein Kind danach schreist. Wenn ein Kind schreit, weiß es, dass seine Mutter herbeieilen wird, um seine Bedürfnisse zu stillen. Wenn du seelenvoll tief aus deinem Innern schreist, dann wird dein Schrei von Gott der Mutter und Gott dem Vater gehört werden.

Eine einzige Berührung durch Gott,
von Gottes Mitleidshöhe herab,
kann die unvorstellbaren und
zahllosen Schwächen des Menschen
in Gottes eigene, unendliche,
unsterbliche und
allmächtige Kraft verwandeln.

Kapitel 11

Den Baum der Geduld pflegen

Geduld ist
der beste Stoß-Dämpfer.
Geduld ist
der höchste Friedens-Entdecker.
Geduld ist
der größte Vollkommenheits-Gläubige.

Geduld ist nichts Passives. Im Gegenteil, Geduld ist dynamisch – sie bewegt sich immer vorwärts, dem Ziel entgegen. Geduld enthält die stete Bewegung des Wachstums, und sie ist immer von Frieden begleitet. Geduld verlängert die Zeit. Hier auf der Erde ist unsere Zeit sehr begrenzt. Wir sollten Geduld als etwas betrachten, das unser Zeitlimit hinausschiebt. Wenn wir eine lange Strecke laufen, scheint das Ziel weit entfernt zu sein, aber wir wollen es sofort erreichen. Wenn wir jedoch die Zeit, die wir uns für das Erreichen unseres Zieles setzen, nicht begrenzen, kann das Licht der Geduld in und durch uns wirken.

Wenn du das Gefühl hast, ständig gegen die Zeit zu kämpfen, machst du einen Fehler. Fühle stattdessen, dass jeder Augenblick dich deinem Ziel näherbringt, und dass dieser Fortschritt in sich selbst bereits ein Teilziel darstellt. Anstatt gegen die Zeit zu kämpfen, sollten wir lieber unser Möglichstes versuchen, aus jeder Sekunde spirituellen Nutzen zu ziehen. Der Weg zu unserem Ziel mag weit sein. Manchmal magst du den Eindruck haben, dich auf einer endlosen Straße durch eine trockene Wüste zu befinden, während das Ziel noch immer schrecklich weit entfernt ist. Aber bleib nicht stehen, nur weil die Entfernung weit erscheint. Sei wie ein göttlicher Kämpfer und marschiere tapfer und unermüdlich weiter. Geduld ist Gottes verborgene Kraft in uns, mit der wir die zahllosen Stürme des Lebens überstehen können.

Um Geduld zu entwickeln, müssen wir uns vorstellen, dass unser Ziel uns genauso will und braucht, wie wir es wollen und brauchen. Das Ziel ist bereit, uns anzunehmen und uns zu geben, was es hat, aber es wird es auf seine Weise zu Gottes auserwählter Stunde tun. Wenn du das Ziel des Glücklichseins in deinem Verstand bewahren kannst, in deinem Herzen, in deinem Atem, in all deinen Tätigkeiten, dann wirst du Geduld entwickeln. Du solltest dir sagen: "Wie schwierig der Weg auch sein mag – wenn es mir nur gelingt anzukommen, werde ich grenzenlose Freude erhalten." Dein Traum vom Glücklichsein wird dir Geduld geben und dich retten.

Schwäche oder Stärke?

Sehr oft vergessen wir die Bedeutung von Geduld. Wir glauben, sie sei eine Art Feigheit oder eine widerwillige Art und Weise, die Wahrheit anzunehmen. Wir glauben, dass wir geduldig sein müssen, weil wir keine andere Wahl haben. Aber etwas ertragen und Geduld haben ist nicht dasselbe. Geduld ist eine göttliche Eigenschaft. Geduld ist das Erstarken unserer Fähigkeiten. Wenn wir geduldig sein können, dann können wir unsere innere Willenskraft stärken.

Geduld ist
die verborgene Seelenkraft.
Geduld ist
der enthüllte Herzensturm.

Geduld und Aufrichtigkeit

Was immer wir erreichen wollen müssen wir mit Hilfe unserer Aufrichtigkeit erreichen. Wenn wir Schüler oder Studenten sind, müssen wir lernen. Wenn wir Sucher sind, müssen wir beten und meditieren. Aufrichtigkeit ist von großer Wichtigkeit.

Ein aufrichtiges Anliegen zu haben bedeutet nicht, dass man keine Geduld haben kann. Ein Schüler einer Oberschule, dessen Bruder einen Doktortitel besitzt, mag ebenfalls ein aufrichtiges Verlangen nach einem Doktortitel haben. Aber er weiß, dass Zeit dabei eine Rolle spielt – er wird Jahre brauchen, um diesen Titel zu erlangen. Wenn er jedoch jetzt seine Studien vernachlässigt, wird er seine Prüfung nicht bestehen. Wie soll er dann die Universität besuchen können?

Es ist wichtig, Schritt für Schritt vorwärts zu gehen. Wenn wir unsere Geduld verlieren, verlieren wir auch unsere Inspiration und werden unser Ziel nie erreichen. Wenn wir stets aufrichtig und geduldig sind, werden wir sogar schon in unserem Versuch Erfüllung finden. Unsere gegenwärtige Erfüllung ist vielleicht nicht die höchste Erfüllung, aber wir können sicher sein, dass die höchste Erfüllung in uns heranwachsen wird.

Die Bedeutung der Beharrlichkeit

Es war einmal ein Junge namens Bopdeb. Er war der schlechteste Schüler, den man sich denken kann. Seine Eltern und seine Lehrer schimpften gewöhnlich gnadenlos mit ihm, doch das nutzte alles nichts. Schließlich gaben seine Lehrer auf und warfen ihn von der Schule. Bopdeb war so dumm, dass auch seine Eltern ihn nicht behalten wollten. Also verließ der arme Bopdeb voller Kummer sein Zuhause und ging in das nächstgelegene Dorf.

Bopdeb setzte sich jeden Tag unter einen Baum in der Nähe eines Teiches, um zu beten und zu meditieren. Von dort schaute er den Frauen des Dorfes zu, wie sie leere Wasserkrüge zum Teich trugen und sie dort auffüllten. Bopdeb sah, dass die Frauen meist im Teich badeten, nachdem sie die Krüge gefüllt und auf die Steinstufen gestellt hatten. Nachdem sie sich erfrischt hatten, kehrten sie mit ihren Wasserkrügen nach Hause zurück.

Eines Tages, als niemand da war, bemerkte Bopdeb, dass der Teil der Stufe, auf dem die Frauen immer ihre Krüge abstellten, nicht mehr so hoch war wie der Rest der Stufe. Bopdeb sagte zu sich selbst: "Der Stein nutzt sich ab, weil die Frauen hier immer wieder ihre Gefäße abstellen. Wenn sich selbst ein Stein abnutzen kann – was ist dann mit meinem Verstand los?" Durch diese Erfahrung begann er die Bedeutung von Geduld und Beharrlichkeit zu verstehen.

Bopdeb begann, noch ernsthafter zu beten und zu meditieren, und ein paar Tage später fing er an, seine alten Bücher über Sanskritgrammatik wieder zu lesen. Er war der allerschlechteste Schüler in Sanskrit gewesen, doch jetzt war er in der Lage zu behalten, was er las. Er setzte seine Studien fort, und mit Geduld und Beharrlichkeit wurde er schließlich zum größten Sanskritgelehrten in Indien, vor allem auf dem Gebiet der Grammatik.

Geduld kann uns niemals von außen auferlegt werden. Sie ist unser innerer Reichtum. Wie Bopdeb wirst auch du eines Tages eine Vorstellung davon erhalten, was Geduld in deinem Leben vollbringen kann. Du wirst zu der Erkenntnis gelangen, dass deine liebsten Träume in fruchtbare Wirklichkeiten verwandelt werden, wenn du nur das Geheimnis kennst, wie du den Geduldsbaum in deinem Herzen wachsen lassen kannst.

Zwischen deinem Baum des Fehlschlags
und deinem Baum des Triumphs
wächst ein Baum,
der sich Baum der Geduld nennt.

Gib niemals auf!

Gib niemals auf, wenn du glaubst, dass deine Meditation nicht
so tief ist, wie sie sein sollte. Wir können nicht jeden Tag die
köstlichste Mahlzeit zu uns nehmen, und dennoch essen wir.
Ebenso nähren wir unsere Seele, unser inneres Wesen, wenn
wir meditieren. Selbst wenn wir unserer Seele nicht jeden Tag
höchste Wonne geben können, dürfen wir nicht aufhören, es
zu versuchen. Es ist besser, der Seele wenigstens irgendetwas zu
Essen zu geben, als sie hungern zu lassen. Gib daher niemals
auf – versuche immer zu meditieren.

Wir brauchen die Geduld eines Bauern. Ein Bauer pflügt
das Feld und bearbeitet den Boden. Dann muss er warten, bis
Gott Regen schickt, damit der Samen zu einer Pflanze heranwachsen kann. Auf die gleiche Weise müssen wir in unserem
Leben des inneren Strebens meditieren, aber wir müssen Gottes Gnade ebenfalls als Regen betrachten, der auf uns herab-
fällt. Wenn Gottes Gnade herabkommt und unser menschliches Bemühen hinaufsteigt, werden wir fähig sein, stets gut zu
meditieren.

Geduld und die Verwandlung der Welt

Wenn wir tief nach innen gehen, sehen wir, dass die Welt sich
tatsächlich weiterentwickelt und Fortschritt macht. In der äußeren Welt werden wir Zeuge von Gewalt, Kämpfen und Krie-
gen. Aber wir wissen, dass es auch eine andere Welt gibt, die

innere Welt. Wenn wir innerlich streben, können wir die Evolution in unserer eigenen Natur und im Leben anderer sehen. Kurz gesagt, wir entdecken das Versprechen der Vollkommenheit.

Vollkommenheit kann nicht über Nacht entstehen. Sie braucht Zeit. Was wir tun sollten, ist seelenvolle Geduld wachsen zu lassen. Geduldig zu sein bedeutet nicht, dass wir gezwungen sind, uns den harten Tatsachen des Lebens zu beugen. Nein, Geduld ist innere Weisheit. Unsere innere Weisheit sagt uns, dass es Zeit erfordert, das Göttliche auf der äußeren Ebene zu manifestieren. Was die gesamte Welt benötigt, ist seelenvolle Geduld. Dann kann die Wahrheit auf ihre eigene Weise wachsen.

Gestern
war die Geduld der Anfang
meiner Vollkommenheit.

Heute
ist die Geduld das Erblühen
meiner Erfüllung.

Kapitel 12

Der Atem
einer neuen Hoffnung

Tag und Nacht
werde ich
im Fluss süßer Hoffnung
schwimmen.

Oft betrachten wir Hoffnung als etwas Zerbrechliches und Zartes – als ein beruhigendes Gefühl, das Balsam ist für unseren Geist. Doch Hoffnung ist etwas Festes und Starkes. Hoffnung enthält eine verborgene Kraft, denn die Hoffnung von heute verwandelt sich letzten Endes in die Wirklichkeit von morgen.

Wenn eine Hoffnung nicht mehr als ein Wunsch ist, dann wird dein Bewusstsein nicht darauf reagieren. Aber wenn sie etwas Bedeutendes ist, wie eine Vision, die versucht, in deinem Herzen zu erblühen, dann wird sie dein Bewusstsein erheben. Wenn es sich um echte Hoffnung und nicht um reine Fantasie handelt, wird deine Bewusstseinsblume Blütenblatt um Blütenblatt erblühen, je mehr du deine Hoffnung nährst.

Jeder Tag muss zu dir als eine neue Hoffnung, ein neues Versprechen, eine neue Sehnsucht kommen. Wenn du denkst, dass morgen ein Tag wie jeder andere sein wird, wirst du keinen Fortschritt machen. Tag für Tag musst du dich von neuem anspornen. Nur mit dem Gefühl, dass alles stets neu ist, kannst du Erfolg haben und über dich hinauswachsen.

Der ewige Anfänger

Jeder Sucher ist ein Anfänger. Ein Anfänger ist derjenige, der das innere Verlangen hat, in etwas immer Göttlicheres, immer Erleuchtenderes und immer Erfüllenderes hineinzuwachsen. Der Augenblick, in dem du stetigen Fortschritt machen willst, ist der Augenblick, in dem du zu einem ewigen Anfänger wirst. Die Morgendämmerung ist der Anfang des neuen Tages, sie verkörpert Hoffnung, Erleuchtung und Vollkommenheit. Jeden Tag spielt die Morgendämmerung die Rolle eines Anfängers. Sie beginnt ihre Reise bei Tagesanbruch und beendet ihre Reise in der unendlichen Sonne. Wenn du fühlen kannst, dass dein gesamtes Wesen – dein Körper, deine Lebenskraft, dein Verstand, dein Herz und deine Seele – die ewig-erblühende Morgendämmerung darstellen, dann wirst du immer ein ewiger Anfänger bleiben.

Jeden Tag sollten wir fühlen, dass wir etwas Neues vollbringen müssen. Jeden Tag schreiten wir voran. Du kannst nur dann über dich hinauswachsen, wenn du deine Freude entdecken und bewahren kannst. Wenn du deine Freude entdecken und bewahren kannst, wirst du stets die Energie aufbringen, einen Schritt weiterzugehen.

Lass es nicht zu,
von dunklen Zweifeln beherrscht zu werden.
Freunde dich jeden Augenblick
mit leuchtenden Hoffnungen an,
um deine eigene Welt
und
die Welt um dich herum
zu verwandeln.

Hoffnung und Erwartung

So wie Hoffnung eine Kraft ist, ist auch Erwartung eine Kraft. Wir erwarten viele Dinge von uns und der Welt. Gute Dinge zu erwarten hat seine Berechtigung. Doch unglücklicherweise versucht die Erwartung oft, einen Handel mit Gott machen. Insgeheim erwarten wir von Gott, dass Er uns etwas gibt, weil wir beten und meditieren. Einer solchen Vorstellung dürfen wir uns aber nicht hingeben, denn wenn unsere Erwartung sich nicht erfüllt, werden wir frustriert, verärgert und destruktiv.

Erwartung ist erdgebunden und begrenzend. Wir müssen unsere jeweiligen Aufgaben letzten Endes ohne jegliche Erwartung irgendeiner persönlichen Befriedigung erfüllen. Was dann bleibt, ist unsere süßeste Hoffnung. Hoffnung ist etwas Süßes, Göttliches und Ermutigendes. Wenn wir auf etwas hoffen, es aber nicht erhalten, werden wir nicht verärgert oder frustriert sein, denn im Hoffen liegt ein Hauch des Göttlichen. Wir wissen, dass unsere Hoffnung von heute die Wirklichkeit von morgen enthält, und aus diesem Wissen können wir beträchtliche innere Stärke gewinnen.

Friede beginnt,
wenn Erwartung endet.

Die Mutter des Handelns

Wenn wir menschliche Hoffnung besitzen, kann das, worauf wir hoffen, Wirklichkeit werden oder auch nicht. Aber in göttlicher Hoffnung gibt es eine innere Gewissheit, dass unsere Hoffnung Früchte tragen wird, und wir sind inspiriert, für das Ergebnis zu arbeiten. Göttliche Hoffnung ist wie ein Traum, der gegen Ende der Nacht kommt und das Versprechen in sich trägt, dass bald der Tag anbrechen wird.

Heute habe ich vielleicht die Hoffnung, dass ich morgen zu einem sehr aufrichtigen Sucher werde. Wenn es sich dabei um reines Wunschdenken handelt, wird mich der nächste Morgen in tiefem Schlaf antreffen. Doch wenn es göttliche Hoffnung ist, werde ich sofort inspiriert sein zu handeln. Ich werde fühlen, dass reines Denken oder Hoffen, zu etwas zu werden, nicht genügt. Ich werde in die Welt des Handelns eintreten. In diesem Fall ist die Hoffnung die Mutter der Handlung. Wenn wir zu handeln beginnen, werden wir die Erfüllung unserer Hoffnung oder die Verwandlung unserer Hoffnung in die Wirklichkeit erreichen.

Jede heilige Hoffnung
ist ein segensreiches Geschenk
vom Herzen des Himmels.

Eine brennende Hoffnungs-Flamme

Wenn du auf der Erde leben willst, brauchst du Hoffnung. Wenn du an einem Tag ohne Hoffnung bist, bist du an diesem Tag tot. Glaube an die Hoffnung, wachse in die Hoffnung, und atme jeden Augenblick den Duft und die Schönheit der Hoffnung ein.

Was kannst du tun, wenn du die Hoffnung verlierst? Du solltest fühlen, dass deine Hoffnung dazu bestimmt ist, Wirklichkeit zu werden, aus dem einfachen Grund, weil du in der Welt des inneren Strebens lebst. Du strebst äußerst aufrichtig und zutiefst hingebungsvoll. Du machst genau das Richtige. Wenn die von deiner Hoffnung geschaute Wahrheit oder Erfüllung sich noch nicht verwirklichen konnte, solltest du dich nicht beunruhigen. Fühle einzig und allein die Notwendigkeit, die Flamme deines inneren Strebens noch heller und noch stärker brennen zu lassen.

Hoffnung hält aus,
deshalb halte ich aus.
Zahllose Enttäuschungen
haben mich nicht eingeschüchtert.
Ich bin immer noch lebendig,
vibriere vor Leben.
Die schwarze Wolke wird verschwinden,
die Morgensonne wird wieder erscheinen,
in all ihrer überirdischen Herrlichkeit.

Kapitel 13

Frieden:
Die Rückkehr zur Quelle

Gott hat unendlich viele Kinder,
doch der Name seines liebsten Kindes
ist Frieden.

Zu Beginn seines spirituellen Lebens fühlt fast jeder Mensch, dass Frieden für ihn unerreichbar ist. Doch während die aufsteigende Flamme unseres inneren Strebens höher und höher klettert, beginnt der innere Frieden im tiefsten Innern unseres Wesens spontan zu erblühen. Eines Tages stellen wir fest, dass wir im Meer des Friedens zu Hause sind, dass wir niemals vom Frieden getrennt werden können.

Frieden ist etwas Greifbares. Er beruhigt die nach außen strömende Energie des Verstandes und nährt das strebende Herz. Frieden ist mehr als nur die Abwesenheit von Streit und Kampf. Wahrer Frieden wird vom Lärm der Welt – der äußeren wie der inneren – nicht berührt. Dieses Meer des Friedens steht zu unserer Verfügung, wenn wir ein spirituelles Leben führen.

Innerer Frieden

Der erste Schritt zum inneren Frieden besteht darin, aufrichtig zu fühlen, dass wir nicht unentbehrlich sind. Innerer Frieden fehlt uns, weil wir glauben, dass andere etwas von uns brauchen oder dass wir etwas von ihnen brauchen. Wir haben das Gefühl, die Welt würde augenblicklich untergehen oder alles würde schieflaufen, wenn wir dies nicht tun oder jenes nicht sagen. In dem Moment jedoch, in dem wir aufrichtig fühlen können, dass wir nicht unentbehrlich sind, brauchen wir nirgendwo hinzugehen, um Frieden zu finden, denn Frieden wird augenblicklich zu uns kommen.

Ein anderer einfacher Weg, wie wir inneren Frieden erlangen können, ist zu fühlen, dass nichts übermäßig wichtig ist. Alles und jeder auf Erden kann uns enttäuschen oder im Stich lassen, solange wir nicht Gott verlassen und Gott uns nicht verlässt. Doch Gott wird uns niemals verlassen, weil Er reines Mitleid ist, und selbst wenn wir uns noch so anstrengen, werden wir nicht in der Lage sein, Gott zu verlassen, weil Er allgegenwärtig ist. Außer Gott ist nichts auf Erden unentbehrlich. Wenn wir bewusst und ständig fühlen können, dass Er allein unentbehrlich ist, dann kann uns nichts unseren inneren Frieden rauben.

Frieden erlangen wir,
wenn wir nichts von der Welt erwarten,
sondern nur bedingungslos geben,
geben und geben,
was wir haben und was wir sind.

Unser Frieden ist in uns

Du kannst in deinem äußeren Leben keinen Frieden haben, wenn du nicht zuvor Frieden in deinem inneren Leben errichtet hast. Alles beginnt in der inneren Welt. Wenn du früh am Morgen, bevor du dein Haus verlässt, einige göttliche Gedanken hegst, dann werden diese Gedanken als kraftspendende, erfüllende Wirklichkeiten in dein äußeres Leben treten.

Früh am Morgen, bevor du dich in das geschäftige Treiben des Alltags stürzt, solltest du regelmäßig fünfzehn oder dreißig Minuten lang meditieren. Wenn du dann aus deinem Haus heraus in die Welt trittst, wirst du gut beschützt sein – nicht durch eine Rüstung, sondern durch göttliche Gedanken, göttliche Ideen und ein göttliches Ziel.

Wenn wir richtig meditieren, werden wir allmählich inneren Frieden erfahren. Darüber hinaus werden wir fühlen, dass wir ein sehr großes Herz besitzen, das die ganze Welt in sich aufnehmen kann. Wir werden spontane Freude spüren. Manchmal wissen wir vielleicht nicht, wo diese Freude herkommt, aber sie kommt tatsächlich von unserer eigenen Meditation.

Tief in uns ist ewige Stille, ewiger Frieden und ewige Ruhe. Wenn wir vollkommen ruhig und still sind, erkennen wir, dass uns das innere Leben seine eigene Energie anbietet. Unser menschlicher Verstand mag diese Energie nicht begreifen, da sie nicht im Verstand entspringt. Doch unser Herz empfängt diese Energie von der Seele.

Während einer tiefen Meditation ist nur das Herz aktiv. Die Aktivität des Verstandes ist völlig ruhiggestellt. Das Herz identifiziert sich mit Frieden, und in diesem Frieden kultivieren wir die innere Wahrheit und wachsen in das innere Licht.

Ich meditiere,
damit ich mein gesamtes Wesen
mit der allmächtigen Kraft des Friedens
überschwemmen kann.

Frieden ist innerer Reichtum

Wenn du früh am Morgen betest und meditierst, kannst du fühlen, dass du wirklichen Reichtum in Form von Frieden erworben hast. Und genauso, wie du dein Geld in deiner Geldbörse aufbewahrst, kannst du auch deinen Frieden in deinem Herzen aufbewahren. Mit der Kraft des Geldes kannst du kaufen, was immer du willst. In ähnlicher Weiser ist auch die spirituelle Kraft, die du aus Gebet und Meditation erhältst, eine reale Kraft. Wenn Menschen streiten, kämpfen oder sich ungöttlich verhalten, kannst du einfach den inneren Frieden und die Ruhe hervorbringen, die du in deinem Herzen aufbewahrt hast. Lade dich noch einmal mit innerem Frieden auf. Die Kraft inneren Friedens ist unendlich viel stärker und solider als jegliche äußere Störung, die irgendjemand auf Erden verursachen kann. Dein innerer Frieden kann leicht die von anderen hervorgerufenen Ärgernisse verschlingen.

Normalerweise gehst du nicht joggen oder trainieren, nachdem du gegessen hast. Ebenso solltest du für eine Weile ruhig und still bleiben, wenn du etwas Spirituelles – Frieden, Licht oder Seligkeit – erhalten hast. Bevor du diese Dinge nicht assimiliert hast, ist es gut möglich, dass der Frieden, den du erhalten hast, wieder verschwinden wird. Aber wenn er einmal assimiliert worden ist, wird er Teil deiner Existenz, und du kannst ihn niemals mehr verlieren. Sich mit Menschen zu treffen, die ein spirituelles Leben führen und regelmäßig meditieren, wird dir ebenfalls helfen, Frieden in dir zu assimilieren.

*Langsam und stetig
musst du Deinen Verstand zur Ruhe bringen,
damit die Friedenstaube in ihm nisten kann.*

Frieden, Dynamik und Stärke

Frieden ist Stärke. Wenn du inneren Frieden besitzt, wirst du Freude und Wonne verspüren, wenn du in die äußere Welt trittst. Du kannst die äußere Welt beherrschen, wenn du inneren Frieden hast. Wo immer du hingehst, wirst du deinen eigenen Frieden schaffen.

In großer Kraft liegt Ruhe und Stille. Jemand, der äußerlich stark ist, wie beispielsweise ein gut trainierter Boxer oder ein großer Herrscher, trägt enormen Frieden und starkes Vertrauen in sich. Wenn jemand nicht sehr stark ist, ballt er seine Fäuste und macht sich bereit, sich zu verteidigen. Er muss beweisen, dass er kämpfen kann. Doch wenn jemand grenzenlose innere Stärke besitzt, braucht er sie nicht äußerlich zur Schau zu stellen. Er ist entspannt, weil ihm seine innere Stärke inneres Vertrauen gibt. Er ist wie ein göttlicher Held. In jedem Augenblick kann er den Feind besiegen oder ein jedes Hindernis überwinden.

Das sieben Jahre alte Herz

Wir sprechen von *innerem Frieden* oder *Frieden im Verstand*, doch in Wirklichkeit finden wir Frieden niemals im Verstand. Wenn wir Frieden suchen, müssen wir über das Reich des Verstandes hinausgehen. Wenn du daran denkst, dass du zwanzig oder vierzig Jahre alt bist, wirst du mit deinem Verstand zu kämpfen haben, um auch nur einen Funken Frieden zu erhalten. Doch wenn du fühlen kannst, dass du gerade erst sieben Jahre alt bist, wenn du ein kindliches Herz haben kannst, dann wirst du den schnellsten Fortschritt machen.

Es gab einmal einen großen indischen Wissenschaftler namens Satyendranath Bose. Sein Name ist in der Welt der Wissenschaft wahrhaft unsterblich, nicht nur in Indien, sondern auch in anderen Ländern. Er war nicht nur berühmt, sondern auch äußerst gütig, freundlich und bescheiden. Sein Herz war das Herz eines Kindes.

Er hatte eine besondere Zuneigung zu Kindern und beteiligte sich oft selbst bei den Spielen der Kinder. Ein Spiel, das er besonders mochte, hieß Karam. Eines Tages spielte er gerade mit einigen Kindern Karam und war ganz in das Spiel versunken. Ein Mann mittleren Alters kam vorbei und schaute dem Spiel sehr lange zu. Nach einer Weile fragte ihn der Wissenschaftler: „Was kann ich für Sie tun?"

Der Mann antwortete: „Morgen wird es eine spezielle Konferenz in unserer Schule geben. Ich wäre Ihnen sehr dankbar, wenn Sie den Vorsitz bei diesem Treffen übernehmen könnten."

Sehr höflich antwortete der Wissenschaftler: „Es tut mir leid, aber das kann ich nicht. Bitte finden Sie jemand anderen." Doch der Besucher drängte: „Oh nein, wir brauchen Sie dringend. Es gibt niemanden, der so sehr geschätzt wird wie Sie. Wir wären zutiefst geehrt, wenn Sie den Vorsitz bei der Konferenz übernehmen würden."

Mit größter Höflichkeit entgegnete der Wissenschaftler: „Ich kann morgen nicht zu dieser Stunde kommen, da ich mit meinen Freunden zum Spielen verabredet bin. Nichts bereitet mir größere Freude als mit Kindern zu spielen. Ich habe hunderte und aberhunderte von Konferenzen geleitet, aber das schenkt mir keinerlei Freude.

Ich möchte Freude haben, Sie möchten Freude haben, alle wollen Freude haben. Für mich hat dieses Spiel unendlich viel mehr Bedeutung als die Gelegenheit, die Sie mir anbieten, bei einer Konferenz den Vorsitz zu führen, denn ich weiß, dass intellektuelle und argumentationslustige Leute zu dieser Veranstaltung kommen werden, und sie werden ihren rationalen Verstand mitbringen. Ich habe genug von der Logik des Verstandes. Ich will einzig das Herz, das aufrichtige und reine Herz, das Einsseinsherz. Dieses Herz finde ich hier, bei meinen kleinen Freunden.

Ich habe ihnen versprochen, dass ich morgen mit ihnen spielen werde, und das werde ich einhalten. Ich möchte nur im Herzen sein. Meine Rolle im Verstand habe ich gespielt, und nun spiele ich die Rolle meines Herzens. Dort finde ich Erfüllung, nur dort. Dort finde ich Frieden, nur dort."

O Träumer des Friedens, kommt!
Lasst uns gemeinsam gehen.
O Liebende des Friedens, kommt!
Lasst uns gemeinsam laufen.
O Dienende des Friedens, kommt!
Lasst uns gemeinsam wachsen.

Wir sind die Welt

Bevor wir nicht selbst Frieden tief in uns haben, können wir niemals darauf hoffen, Frieden in der äußeren Welt zu finden. Du und ich erschaffen die Welt mit den Schwingungen, die wir der Welt anbieten. Wenn wir Frieden anrufen und ihn dann jemand anderem anbieten, werden wir sehen, wie sich Frieden von einem auf zwei Menschen und allmählich auf die ganze Menschheit ausdehnt. Durch die Vervollkommnung von einzelnen wird Frieden in die Welt kommen. Wenn du Frieden hast, ich Frieden habe, er Frieden hat und sie Frieden hat, dann wird der allumfassende Frieden von selbst erwachen.

Es gibt zwei Kriege: den inneren Krieg und den äußeren Krieg. Den inneren Krieg kämpft unsere Seele gegen Begrenzungen, Unwissenheit, Zweifel und Tod. Der äußere Krieg ist der Kampf von Mensch gegen Mensch, Nation gegen Nation. Diese äußeren Kriege werden nur dann aufhören, wenn zuerst der innere Krieg aufhört. Wir kämpfen, weil tief in uns Disharmonie, Furcht, Ängste und Sorgen wurzeln. Wenn wir Frieden, Freude, Fülle und Erfüllung besitzen, werden wir keinen Krieg führen.

Im Augenblick herrschen
Angst, Zweifel, Sorge,
Spannung und Disharmonie.
Doch es wird eine Zeit kommen,
da diese unsere Welt
von Frieden überflutet sein wird.
Wer wird diesen
grundlegenden Wandel herbeiführen?
Du wirst es sein:
Du und deine Brüder und Schwestern.
Du und dein Einsseinsherz
werden Frieden über die ganze Welt verbreiten.

Kapitel 14

Einfachheit und Aufrichtigkeit - unsere lebenslangen Freunde

Einfachheit ist mein lebenslanger Freund.
Mein Einfachheits-Freund
hat meinen Begierde-Baum gefällt.
Aufrichtigkeit ist mein lebenslanger Freund.
Mein Aufrichtigkeits-Freund hat die Kette
meines Schuldbewusstseins gesprengt.

Wenn wir ein einfaches Leben führen, werden wir fühlen, wie glücklich und vom Glück gesegnet wir sind. Es gibt Leute, die der Meinung sind, dass Einfachheit fast gleichbedeutend mit Dummheit sei. Aber Einfachheit und Dummheit sind wie Nordpol und Südpol. Man kann so einfach wie ein Kind sein und gleichzeitig grenzenloses Wissen, grenzenloses Licht und grenzenlose Weisheit besitzen.

So wie wir viele Dinge lernen, müssen wir im spirituellen Leben auch viele Dinge verlernen. Jedesmal, wenn wir etwas verlernen, wird unser Leben ein Stück einfacher, und wir gewinnen inneren Frieden. Wir verlernen Angst, Zweifel, Sorgen, Eifersucht, Ärger und Unsicherheit. Wir verlernen die Lehren des erdgebundenen Lebens, des hochgezüchteten Verstandes mit seinem unverhältnismäßigen Ego. Je schneller wir diese Dinge verlernen können, desto weiser werden wir.

Einfachheit zu haben bedeutet, ohne Dunkelheit, Sorgen oder Unreinheit zu Gott zu gehen. Gott selbst ist sehr einfach.

Wenn wir uns mit Seiner Einfachheit identifizieren, werden Verwirrung und Kompliziertheit aus unserem Leben verschwinden.

Einfachheit verkürzt die Straße,
die zur Gott-Entdeckung führt.

Der Gärtner

Unser zweiter Premierminister in Indien war sehr, sehr einfach. Niemand konnte von seiner Erscheinung darauf schließen, dass er ein bedeutender politischer Führer war. Nur Menschen, die ihn gut kannten oder in der Politik tätig waren, wussten, wer er war. Seine äußere Erscheinung konnte jeden täuschen, da er nicht groß war und es auch sonst äußerlich nichts an ihm gab, was den Respekt oder die Bewunderung der Menschen hervorgerufen hätte. Er trug stets sehr einfache Kleidung, und sein ganzes Wesen war durch und durch einfach und aufrichtig.

Eines Tages arbeitete er allein in seinem Garten; er grub Löcher und pflanzte. Er trug sehr, sehr einfache Gärtnerkleidung. Einige Männer mittleren Alters näherten sich ihm und fragten: „Können Sie uns sagen, wo der Premierminister ist?"

„Ja, das kann ich," erwiderte er. „Warten Sie nur. Ich werde ihn rufen." Dann ging er ins Haus, wusch sich die Hände, zog eine Kurta und einen Dhoti an, ging wieder hinaus und stellte sich vor sie hin.

„Sie!" riefen die Männer. „Sie sind schon wieder gekommen! Haben Sie dem Premierminister nicht gesagt, dass wir da sind? Wir wollen den Premierminister sehen, nicht Sie!"

129

Diesmal war der Gärtner ernsthafter. Er erklärte: „Der Premierminister steht vor Ihnen. Ich bin der Premierminister."

„Sie sind der Premierminister von Indien?"

„Ja, das bin ich!"

Einige der Männer verbeugten sich, andere waren schokkiert, und manchen tat es furchtbar leid. „Oh, wir dachten, Sie seien nur der Gärtner," sagten sie.

Der Premierminister antwortete: „Ich bin so froh, dass sie mich nicht als Premierminister von Indien erkannt haben. Ich will, dass mich die Welt nicht an meiner Erscheinung, sondern an meinen Taten erkennt. Ich möchte stets einfach und bescheiden bleiben."

Der Name dieses Mannes war Lal Bahadur Shastri. Er war die Einfachheit und Großherzigkeit in Person. Lal Bahadur Shastri hatte nicht einen einzigen Feind. Seine eigene Partei bewunderte ihn, und die Oppositionspartei bewunderte ihn ebenfalls aufgrund der Güte seines Herzens und der Einfachheit und Reinheit seines Lebens.

Willst Du glücklich sein?
Dann mache dein Leben
so seelenvoll einfach
wie schlafloses Atmen.

Ein Leben der Aufrichtigkeit

Aufrichtigkeit geht Hand in Hand mit Einfachheit. Aufrichtigkeit ist nichts, das gelehrt werden muss – sie kommt von tief innen. Wir beginnen mit einem tiefen inneren Sehnen, dem inneren Schrei. Ein Kind lernt nicht von seiner Mutter, wie man schreit. Es kommt spontan. Wenn das Kind nach Milch verlangt, schreit es. Wenn wir uns im Inneren höchst aufrichtig und seelenvoll nach etwas sehnen, hört der innere Führer, der Supreme, auf unseren Ruf. Dann erleuchtet er uns auf Seine eigene Weise.

Wir können immer wissen, ob wir aufrichtig sind oder nicht. Wenn ein Gefühl aus den tiefsten Tiefen unseres Herzen emporsteigt, ist es unweigerlich aufrichtig. Im Falle des Verstandes ist das anders. Der Verstand ist ständig dabei, die Ideen abzulehnen, die direkt von ihm selbst kamen. In diesem Augenblick denken wir, dass etwas wahr ist und dass wir bereit sind, dafür zu kämpfen, und im nächsten Augenblick entdecken wir, dass es vollkommen falsch ist. Wenn unsere eigene Erkenntnis zweifelhaft ist, und wir darauf unsere Überzeugung aufbauen, dann wird diese Überzeugung vollkommen unaufrichtig.

Wir müssen den Verstand dem Herzen darbieten. Wenn das Zentrum unserer Aufmerksamkeit in unserem Herzen ist, werden wir leicht fühlen können, dass alles, was daraus hervorkommt, voller Aufrichtigkeit ist. Im Herzen wohnt die Seele. Die Seele kann nichts anderes sein als eine Flut von Aufrichtigkeit. Mehr noch, sie ist eine Flut von Spiritualität.

Es gibt eine einfache Methode, im Herzen zu verweilen. Stell dir vor, dass du ein Netz ausgeworfen hast, in dem die ganze Welt gefangen ist. In diesem Netz wirst du jedermann Freude schenken, und alle werden dir Freude schenken. Wenn du daran denkst, ein Spiel zu spielen, wirst du zum Herzen. Das Herz ist Freude, das Spiel ist Freude und der Spieler ist Freude. Fühle schließlich, dass jemand unablässig und ewig mit dir spielt. Dieser Jemand ist Gott, das ewige Kind.

Ein anderer Weg, wie du im Herzen bleiben kannst, besteht darin zu fühlen, dass in dir ein göttliches Kind wohnt, hell strahlend und unendlich viel schöner als jedes menschliche Wesen. Dieses Kind benötigt ein Zuhause, und dein Herz ist sein vollkommenstes Heim.

Aufrichtigkeit
ist der fruchtbare Boden in unserem Herzen.
Unsere Aufrichtigkeit
ist Gottes unvergleichliches Lächeln.
Unsere Aufrichtigkeit
ist Gottes einzigartiger Stolz.

Mahatma Gandhis unvergleichliche Aufrichtigkeit

Als Mahatma Gandhi ein junger Mann war, brauchte ein Freund von ihm einmal Geld und fragte Gandhi, ob er ihm helfen könne. Zuerst sagte Gandhi: „Ich habe kein Geld." Dann gab er nach: „Also gut, ich werde sehen, was ich tun kann."

Gandhi stahl ein Stück Gold von seinem Bruder und verkaufte es. Dann gab er das Geld seinem Freund. Danach fühlte er sich elend, weil er etwas gestohlen hatte.

Gandhi erzählte seinem Vater immer alles, er hatte keine Geheimnisse vor ihm. Obwohl sein Vater sehr krank und bettlägerig war, schrieb ihm Gandhi eine Notiz mit den Worten: „Ich habe ein Stück Gold von meinem Bruder gestohlen und fühle mich nun traurig und elend. Bitte vergib mir."

Als sein Vater die Mitteilung las, stand er von seinem Bett auf. Gandhi fürchtete, dass er ihn schlagen würde. Doch in den Augen des Vaters waren Tränen. Gandhi dachte, dass sein Vater von ihm enttäuscht sei, weil er etwas von seinem eigenen Bruder gestohlen hatte und fühlte sich noch elender als zuvor. Schließlich zerriss der Vater das Blatt mit Tränen in den Augen.

Gandhi versicherte seinem Vater: „Vater, ich werde nie wieder stehlen. Das war das erste und letzte Mal. Bitte weine nicht."

Tief gerührt erwiderte sein Vater: „Mein Sohn, ich weine nicht, weil du etwas gestohlen hast, sondern wegen deiner Aufrichtigkeit. Du bist immer so wahrhaftig. Ich kenne niemanden, der so aufrichtig ist wie du. Ich bin stolz auf dich."

Es gibt Menschen, die von Natur aus aufrichtig sind, und andere, die von Natur aus unaufrichtig sind. Diejenigen, die wie Gandhi von Anbeginn ihres Lebens aufrichtig sind, sind gesegnet. Diejenigen jedoch, die unaufrichtig sind, brauchen und dürfen sich nicht selbst verfluchen. Sie können aufrichtig sein, wenn sie es wollen. In dem Augenblick, in dem sie wirklich aufrichtig sein wollen, wird Gott in Seinem unendlichen Mitleid ihnen helfen.

Unsere Aufrichtigkeits-Muskeln stärken

Jeder Mensch auf Erden besitzt etwas Aufrichtigkeit, denn in jedem Menschen wohnt Gott. Gott besitzt alle göttlichen Eigenschaften, und weil Gott in uns wohnt, ist in uns auch Aufrichtigkeit. Wenn wir spüren, dass wir zuwenig davon besitzen, können wir diese Eigenschaft entwickeln, so wie ein Sportler seine Muskeln entwickelt.

Ein Weg, echte Aufrichtigkeit zu entwickeln, ist durch seelenvolle Dankbarkeit. Wenn du dir vor Augen halten kannst, was du warst, bevor du deine spirituelle Reise begonnen hast, und den Unterschied sehen kannst zwischen dem, was du damals warst und was du jetzt bist, dann wird wie von selbst ein Quell der Dankbarkeit in dir zu fließen beginnen. Dankbarkeit gegenüber wem? Gegenüber dem Höchsten, denn Er hat dich inspiriert und deine innere Sehnsucht erweckt. Dankbarkeit trägt immer auch Aufrichtigkeit in sich. Ein aufrichtiges Herz und ein Dankbarkeitsleben gehen Hand in Hand.

Du kannst aber auch aufrichtiger werden, indem du fühlst, dass dir Aufrichtigkeit immense Freude schenkt. Die Freude, die wir fühlen, wenn wir aufrichtig sind, ist unvergleichlich. Bitte versuche immer an die Folgen deines unaufrichtigen

Lebens zu denken. Wenn du eine Lüge erzählt hast und dabei erwischt wurdest, war dir das selbstverständlich peinlich und du hattest dich elend gefühlt. Doch selbst wenn du dabei nicht erwischt wurdest, ertappte dich dein Gewissen. Nehmen wir nun an, du bist im Begriff, etwas Falsches zu sagen oder zu tun. Halte sofort inne und frage dich: „Wie kann ich so etwas tun? Es wird mir alle Freude rauben!" Dann wirst du es sein lassen. Du wirst feststellen, dass du unendlich mehr Freude erhältst, wenn du etwas Falsches nicht ausführst, als wenn du dir erlaubt hättest, es zu tun. Die spontane innere Freude, die du durch Aufrichtigkeit erhältst, wird dir immer helfen, das Richtige zu tun.

Sei aufrichtig in deinen Gedanken,
Sei rein in deinen Gefühlen.
Du wirst dem Glücklichsein
nicht hinterher zu laufen brauchen.
Das Glücklichsein wird dir nachlaufen.

Kapitel 15

Die schneeweißen Blüten
der Reinheit

Tief in deinem Herzen ist eine Blume,
und der Name dieser Blume ist Reinheit.

Reinheit ist der Atem Gottes. Wenn wir Reinheit haben, können wir Gott als ganz unser eigen fühlen. In der Reinheit kann unsere Göttlichkeit wachsen, in der Reinheit kann unser wahres Leben aufblühen und hier auf Erden seine Erfüllung finden.

Wenn wir unsere Reinheit bewahren können, werden wir nie etwas verlieren, das sich zu behalten lohnt. Heute mögen wir großartige Gedanken haben oder große innere Kraft, doch morgen werden wir sie unweigerlich verlieren, wenn wir keine Reinheit besitzen.

Es gibt viele Schlüssel, die die Türe zur Reinheit öffnen, doch ein Schlüssel ist besonders wirkungsvoll, und dieser Schlüssel ist die Abwesenheit von Gedankenwellen in unserem Verstand. Wenn der Verstand ruhig und still ist, erwacht Reinheit von selbst in unserem ganzen Wesen. Du kannst deinen Verstand rein halten, indem du stets fühlst, dass du gar keinen Verstand besitzt. Du besitzt nur das Blumenherz eines Kindes. Fühle jeden Tag für einige Minuten, dass du keinen Verstand hast. Sage zu dir selbst: „Ich habe keinen Verstand. Ich habe nur das Herz." Nach einiger Zeit kannst du dann fühlen: „Ich habe kein Herz. Ich habe nur die Seele."

Wenn du sagst: „Ich habe keinen Verstand", so bedeutet das nicht, dass du zu einem Tier wirst, ganz und gar nicht. Du sagst damit nur: „Ich mache mir nichts aus diesem Verstand, der mir soviel Unreinheit bringt und mich so sehr quält." Wenn du dir sagst: „Ich habe das Herz," dann fühlst du, dass das Herz Reinheit besitzt. Wenn du sagst: „Ich habe die Seele," wirst du von Reinheit überflutet werden. Nach einiger Zeit kannst du dann noch tiefer und weiter gehen und nicht nur sagen „Ich habe die Seele", sondern auch „Ich bin die Seele". In dem Augenblick, in dem du sagst „Ich bin die Seele", und auf diese Wahrheit meditierst, wird die unendliche Reinheit deiner Seele in dein Herz eindringen. Und vom Herzen wird die Reinheit dann in deinen Verstand eindringen.

Eine weitere Möglichkeit, den Verstand zu reinigen, besteht darin, sich den Verstand als ein Gefäß vorzustellen, das mit trübem, schmutzigem Wasser gefüllt ist. Nur wenn wir es zuerst leeren, erhalten wir die Gelegenheit, es allmählich wieder mit reinem Wasser zu füllen. Bete immer für die Läuterung des Verstandes. Wenn wir beten, wird unser Verstand gereinigt, und Reinheit vergrößert unsere Empfänglichkeit für Gott. Reinheit ist in Wirklichkeit nichts anderes als Empfänglichkeit für Gott. Jedes Mal wenn wir beten, wird unser inneres Gefäß weiter und weiter, und Reinheit, Schönheit, Licht und Wonne können in unser Gefäß einströmen und im tiefsten Innern unseres Herzens ihr Spiel spielen.

Ist das so?

Heute, morgen oder in ferner Zukunft wirst du dein Leben unweigerlich reinigen. Doch wenn andere Menschen in deinem Prozess der Selbsttransformation dein reines Leben nicht verstehen oder nicht schätzen, beachte ihre Kritik bitte nicht.

Selbst ein echter spiritueller Meister, der der Inbegriff schneeweißer Reinheit ist, kann manchmal zum Opfer der Kritik der unwissenden Welt werden.

Einst lebte ein Zen-Meister, der sehr rein und sehr weit erleuchtet war. In seiner Nähe gab es einen Lebensmittelladen, dessen Eigentümer eine wunderschöne, unverheiratete Tochter hatte. Eines Tages stellte sich heraus, dass sie schwanger war. Ihre Eltern waren außer sich. Sie wollten wissen, wer der Vater war, aber die Tochter wollte den Namen nicht verraten. Nach vielem Schimpfen und Drängen ihrer Eltern gab sie auf und sagte, es sei der Zen-Meister. Die Eltern glaubten ihr und liefen zum Haus des Zen-Meisters, um ihn mit den schlimmsten Worten zu beleidigen. Der Zen-Meister sagte: „Ist das so?" Das war sein einziger Kommentar.

Als das Kind geboren wurde, brachten sie es zu ihm. Er nahm das Kind auf und sorgte für das Kind. Inzwischen war sein Ruf vollkommen ruiniert, und er war zum Gespött der Leute geworden. Tage, Wochen, Monate und Jahre vergingen. Aber in unserem menschlichen Leben gibt es etwas, das man Gewissen nennt, und das junge Mädchen wurde von ihrem Gewissen gequält. Eines Tages enthüllte sie schließlich ihren Eltern den Namen des wirklichen Vaters, eines Mannes, der auf dem Fischmarkt arbeitete. Wieder tobten die Eltern. Gleichzeitig wurden sie von Kummer und Scham gequält. Wieder liefen sie zum Haus des Zen-Meisters, baten ihn um Vergebung, erzählten ihm die ganze Geschichte und nahmen das Kind dann wieder mit. Sein einziger Kommentar war: „Ist das so?"

Die Welt mag Reinheit nicht wirklich verstehen oder schätzen, doch wenn Mutter Erde nur eine einzige reine Seele beherbergt, kennt ihre Freude keine Grenzen. Dann sagt sie: „Hier ist endlich eine Seele, auf die ich mich verlassen kann."

Der Duft der Reinheitsblume

Innere Reinheit hängt zu einem gewissen Maß auch von äußerer Sauberkeit ab. Wenn du dich duschst und saubere Kleidung anziehst, wenn dein Körper in jeder Hinsicht sauber und rein ist, dann trägt das zu deiner inneren Reinheit bei. Wirkliche innere Reinheit ist das ständige Gewahrsein des Supreme, unseres ewigen Führers. Es ist das Gefühl, einen lebendigen Altar tief im Innersten unseres Herzens zu haben. Das ist unendlich viel schwieriger als eine Dusche zu nehmen und den Körper sauber zu halten. Doch wenn du dein äußeres Leben sauber halten kannst, dann hilft das ganz gewiss deinem inneren Gewahrsein und es hilft dir beträchtlich, dir des ewigen Führers immer bewusst zu sein.

Wenn wir Reinheit anrufen, wird unsere innere Göttlichkeit zum Vorschein kommen. Fühle, dass Gott in dir ist, dass Reinheit in dir ist – du brauchst sie nur zu enthüllen. Wie kannst du das tun? Indem du dir in deinem Innern die Dinge, die du um dich herum siehst, als rein vorstellst.

Du kannst deine Existenz reinigen, indem du tief in dir eine wunderschöne Rose oder einen Lotus fühlst, oder irgendeine andere Blume, die du magst. Eine Blume ist voller Reinheit. Versuche dich mit dem Bewusstsein der Blume oder mit der Reinheit der Blume zu identifizieren. Heute ist es noch Vorstellung, doch wenn du diese Vorstellung fünf oder zehn Tage lang, oder ein oder zwei Monate lang aufrechterhalten kannst, wirst du die Blume in dir sehen und fühlen. Zuerst fühlst du sie vielleicht nur, dann aber wirst du die Existenz der Blume sehen, und dann werden der Duft und die Reinheit der Blume automatisch in dich eintreten und dich reinigen.

Betrachte früh am Morgen eine Blume und atme ihren Duft ein. Dann schau in die aufgehende Morgensonne. Wie wunderschön sie ist! Am Abend schau auf den Mond. Siehst du irgendetwas Unreines in ihm? Betrachte eine Kerzenflamme und du wirst sehen, dass sie durch und durch rein ist; stelle dir vor, dass sie all deine Unreinheiten verbrennt. Alles, was dir beim Betrachten das Gefühl von Reinheit schenkt, wird dir helfen, dein Wesen zu reinigen.

Du kannst auch während deiner Meditation versuchen, bewusst Reinheit einzuatmen. Am Anfang wirst du vielleicht deine Vorstellungskraft gebrauchen müssen, doch nach einer Weile wirst du sehen und fühlen, dass es keineswegs nur Vorstellung ist. Wenn Reinheit in dich eintritt, ist sie wie ein Strom, der dich von den Fußsohlen bis zum Scheitelpunkt des Kopfes durchfließt, und alles in dir wird durch ihn gereinigt.

Sei ein einfaches Leben.
Die Erde braucht deine Hilfe.
Sei ein reines Herz.
Der Himmel braucht deine Hilfe.

Chanten

Wenn du eine umfassende Reinigung deines Wesens erreichen willst, dann kann das Wiederholen eines Mantras am wirkungsvollsten sein. Ein Mantra ist eine Anrufung. Es kann eine Silbe, ein Wort, mehrere Worte oder ein Satz sein. Durch Chanten, das heißt Wiederholen eines Mantras, können wir Reinheit in unserem ganzen Dasein erlangen. Allein das Wort *Reinheit* auszusprechen, kann unser inneres wie unser äußeres Leben verändern. Wiederhole das Wort *Reinheit* 108 mal am Tag, und lege dabei deine rechte Hand auf deinen Bauchnabel. Du wirst sehen, wie Reinheit im Überfluss in dich eintritt und durch dich hindurchfließt.

Es gibt noch eine andere systematische Methode, wie man chanten kann. Wähle dir ein Mantra aus, das dir gefällt, wie beispielsweise *OM* – den heiligen Klang des Universums – oder einen der Namen Gottes. Am ersten Tag kannst du dein Mantra fünfhundert Mal wiederholen. Am nächsten Tag wiederholst du es sechshundert Mal. Füge jeden Tag einhundert Wiederholungen hinzu, bis du bei tausendzweihundert angelangt bist, und dann gehe täglich wieder um einhundert zurück, bis du wieder bei fünfhundert Wiederholungen bist. Fahre mit dieser Übung einen Monat lang fort. Ob du deinen Namen ändern willst oder nicht – die Welt wird dir einen neuen Namen geben: Reinheit.

Wenn du dich beim Wiederholen deines Mantras verzählst, so macht das nichts. Fahre einfach mit einer ungefähren Zahl fort. Das Zählen hat den Zweck, dein Bewusstsein von anderen Dingen zu lösen. Während du zählst, kannst du an nichts anderes denken. Versuche dabei in die Welt der Stille einzutreten, die in der Tiefe des Chantens weilt. Dann wirst du überhaupt nicht zu zählen brauchen. Dann wird dein Bewusstsein auf das konzentriert sein, was du wiederholst, und du wirst zu fühlen beginnen, dass du nur auf die innere Bedeutung des Mantras meditierst.

Wir erlangen und vergrößern Reinheit durch unseren ständigen inneren Schrei. Wenn unser innerer Schrei nach oben steigt, erleuchten wir schrittweise unser ganzes Wesen, und wenn Erleuchtung stattfindet, tritt automatisch Reinheit in uns ein. Ich habe einige spirituelle Übungen gezeigt, die eine Hilfe sein können, um Reinheit zu erlangen. Doch die Reinheit, die immer währt, die Reinheit der allerhöchsten Stufe, erhalten wir nur von unserem inneren Schrei nach dem höchsten Supreme.

Kapitel 16

Der Tanz des Lichts

Der Tanz des Lichts erweckt die Schwingen des Lebens,
um in die Stille des Absoluten Höchsten emporzusteigen.

Wenn wir in der äußeren Welt etwas sehen möchten, müssen wir nicht nur unsere Augen weit öffnen, sondern wir brauchen auch Licht – entweder Sonnenlicht oder elektrisches Licht oder irgendeine andere Lichtquelle. Doch in der inneren Welt können wir selbst mit geschlossenen Augen Gott sehen, denn Gott ist das selbsterleuchtende Licht.

Licht ist das Leben der inneren Welt. Licht ist die Kraft des Höchsten, die die Dunkelheit verwandelt. Alles, was unser Dasein verwandelt, ist Licht. Licht ist der Lebensatem des Supreme.

Das innere Licht kommt zu uns von der Seele, es ist schon in uns. Sobald wir freien Zugang zu unserer Seele haben, werden wir feststellen, dass dieses Licht aus unserem Innern kommt, um unser gesamtes äußeres Dasein zu durchdringen. Wir sollten immer nach Erleuchtung streben, um unser erdgebundenes Leben in die himmelsfreie Welt zu verwandeln. Wir brauchen nur eines: ein beständiges Gewahrsein des göttlichen Lichts, das uns gehört. Es ist unser Geburtsrecht, dieses innere Licht zu verwirklichen und es zu erfüllen.

Unwissenheit und Erleuchtung

Obwohl Licht die Eigenschaft ist, die wir am dringendsten brauchen, um unser Leben zu verwandeln, ist sie unglücklicherweise zugleich die Eigenschaft, die wir am wenigsten wollen. Wie oft sehnen wir uns nach Freude, Frieden oder Kraft, doch sehr selten nur streben wir nach Licht. Warum? Weil wir Angst haben, dass das Licht unsere Schwächen und Unvollkommenheiten bloßstellen wird. Doch das innere Licht wird uns nicht bloßstellen. Im Gegenteil, das innere Licht umarmt die Menschheit mit all ihren Unvollkommenheiten und versucht die menschliche Unwissenheit zu erleuchten, damit das menschliche Leben in das göttliche Leben erhoben werden kann.

Wenn uns Erleuchtung wirklich am Herzen liegt, sollten wir fühlen, dass wir uns von wenig Licht zu größerer Lichtfülle entwickeln. Wenn wir stets das Gefühl haben, tief im Meer der Unwissenheit zu stecken, werden wir niemals aus der Unwissenheit herausfinden, denn das Unwissenheitsmeer ist endlos. Doch wenn wir fühlen, dass wir aus einem Funken Licht in das alles durchdringende höchste Licht, das Licht des Supreme, hineinwachsen, dann wird Erleuchtung augenblicklich einfacher und spontaner.

Nähre deinen Verstand
mit der Erleuchtungs-Licht-Nahrung
deiner Seele.
Du wirst der glücklichste Mensch
in Gottes gesamter Schöpfung sein.

Das stetig wachsende Licht

Vollständige Erleuchtung wird Gottverwirklichung genannt. Gottverwirklichung geschieht nicht auf einmal. Sie besteht aus einer Reihe von Erfahrungen. Manchmal kann ein Sucher in einer hohen Meditation eine Art innerer Erleuchtung erhalten. Für eine halbe oder eine ganze Stunde mag sein inneres Wesen erleuchtet sein, doch nach ein oder zwei Stunden ist er wieder derselbe wie zuvor. Wieder kann er den Begierden und anderen ungöttlichen Eigenschaften zum Opfer fallen. Auf einer bestimmten Ebene hat Erleuchtung stattgefunden, doch es ist nicht die transzendentale Erleuchtung des Buddha oder anderer gottverwirklichter Meister. Wenn ein Mensch Gottverwirklichung erlangt, findet automatisch eine unendliche Erleuchtung in seinem äußeren wie in seinem inneren Dasein statt.

Manchmal sprechen wir von Erleuchtung und meinen damit, dass wir über Jahre hinweg in Bezug auf etwas Bestimmtes im Dunkeln waren und dieser Bereich in unserem Bewusstsein jetzt erleuchtet ist. Doch dies ist nur ein Funken der grenzenlosen Erleuchtung, die Gottverwirklichung bedeutet. Es ist nur ein zeitlich begrenztes Aufleuchten von Licht im strebenden Bewusstsein. Nach einer Weile verblasst es wieder zur Bedeutungslosigkeit, weil in ihm noch keine bleibende Wirklichkeit ist. Eine bleibende Wirklichkeit finden wir nur in dauerhafter, ewiger und transzendentaler Erleuchtung, in der Gottverwirklichung.

Unsere Licht-Quelle

Wir sollten uns immer daran erinnern, dass wir von Gott und für Gott sind. Im Augenblick magst du ein Anfänger sein, daher ist Gott für dich vielleicht keine lebendige Wirklichkeit. Manchmal gelingt es dir vielleicht noch, dir Gott vorzustellen, aber die meiste Zeit über wirst du trotz all deiner Bemühungen die Gegenwart Gottes in dir nicht fühlen können. Manchmal wirst du sogar die Existenz Gottes vergessen. Doch wir alle haben eine Quelle, und diese Quelle ist unendliches Licht. Wenn wir uns dessen stets bewusst sein können, dann werden wir ein dauerhaftes Gefühl von Erfüllung in unserem Leben haben.

Wir erhalten die Erfahrung von Licht durch unsere innere Sehnsucht. Wenn wir auf der äußeren Ebene für materiellen Wohlstand oder Macht arbeiten, werden wir schließlich Erfolg haben. Wenn wir etwas tun wollen oder erlangen wollen, müssen wir dafür arbeiten. Wenn es unser Ziel ist, reinstes Licht zu erhalten oder zu ihm zu werden, dann besteht unsere Arbeit darin, innerlich wie ein Kind nach untrennbarem Einssein mit dem Höchsten zu verlangen.

Spirituelles Licht kann nicht gewaltsam erlangt werden. Wenn wir versuchen, über unsere Fähigkeit oder Empfänglichkeit hinaus Licht herabzuziehen, wird unser inneres Gefäß zerbrechen. Wenn wir jedoch eine große Empfänglichkeit entwickeln, dann werden wir in der Lage sein, alles Licht aufzunehmen, egal wie weit wir spirituell entwickelt sind oder wie viel Licht wir von oben herab bringen mögen.

Worauf wartest du?
Das äußere Licht wartet ungeduldig darauf,
dir den Weg zu zeigen.
Das innere Licht wartet bedingungslos darauf,
dir zu helfen,
das transzendentale Ziel zu erreichen.

Die innere Sonne

Einst fragte der große Mongolenherrscher Akbar seinen Minister: „Birbal, ich habe lange über eine bestimmte Frage nachgedacht. Ich bin sicher, dass du sie mir beantworten kannst. Im Sonnenlicht sehen wir alles ganz deutlich, doch gibt es irgendetwas, das selbst mit Hilfe des Sonnenlichts nicht gesehen werden kann?"

„Ja, Eure Majestät", antwortete Birbal. „Es gibt etwas, das selbst im Sonnenlicht nicht gesehen werden kann. Selbst die Sonne ist nicht in der Lage, es zu erleuchten."

„Was ist das, Birbal?"

„Eure Majestät, es ist die Dunkelheit des menschlichen Verstandes."

Birbals Antwort war vollkommen zutreffend. Die einzige Frage, die Birbal vielleicht nicht hätte beantworten können, ist, ob es etwas gibt, das uns die Dunkelheit des Verstandes zeigen und erleuchten kann. Wir erleuchten den dunklen, unerleuchteten, unreinen Verstand, indem wir unsere innere Sonne hervorbringen. Unsere innere Sonne, die unendlich viel heller scheint als die physische Sonne, wird die Unwissenheits-Nacht von Jahrtausenden vertreiben.

Liebe die Wahrheit.
Das ist menschliche Erleuchtung.
Werde die Wahrheit.
Das ist göttliche Erleuchtung.
Du bist die Wahrheit.
Das ist die höchste Erleuchtung.

Kapitel 17

Auf den Schwingen der Freude

Was ist Freude?
Freude ist ein Vogel,
den wir alle fangen wollen.
Sie ist derselbe Vogel,
den wir alle liebend gern
fliegen sehen.

Glücklichsein ist Liebe, die sich in die Neuheit und Fülle wahren Lebens ergießt. Wenn wir ein glückliches Herz besitzen, bewegen wir uns vorwärts. Wir tauchen tief nach innen. Wir fliegen. Fortschritt ist Bewegung, und diese Bewegung findet nur statt, wenn wir Freude haben und zu Freude werden. Wenn wir glücklich sind, machen wir wirklichen Fortschritt.

Wie Jesus Christus lehrte, ist das Königreich des Himmels in uns. Das Königreich des Himmels ist etwas, das wir fühlen können, es ist eine Frage unserer eigenen inneren Errungenschaft.

Der Himmel ist eine Ebene des Bewusstseins, erfüllt von Frieden und Glückseligkeit. Wir erschaffen den Himmel mit unseren göttlichen Gedanken. Sobald wir etwas Gutes denken, sobald wir beten und meditieren und versuchen, das innere Licht, das wir erlangt haben, der ganzen Welt anzubieten, beginnen wir, im Himmel zu leben. Unser Streben, unsere aufsteigende innere Sehnsucht, führt uns zu diesem Königreich. Je höher wir über unser begrenztes Bewusstsein hinausgehen, desto schneller werden wir in unser tiefstes, grenzloses Bewusstsein eintreten und desto unmittelbarer werden wir das Königreich des Himmels in uns selbst sehen, fühlen und besitzen. Ja, das Königreich des Himmels ist in uns selbst. Wir können es nicht nur fühlen, sondern ohne den geringsten Zweifel auch zu ihm werden.

Die ewig aufsteigende Flamme
Des Strebsamkeits-Schreis meines Herzens
ist die Quelle der ewig-wachsenden
Freude und Wonne meines Lebens.

Dein Wille geschehe

Vor zweitausend Jahren lehrte uns Jesus Christus das höchste Gebet: „Dein Wille geschehe." Millionen Gebete sind an Gott gerichtet worden, doch es gibt kein besseres, großartigeres und erfüllenderes Gebet als dieses. Wenn wir Gott lieben, werden wir glücklich. Wenn wir Gott dienen, werden wir glücklicher. Wenn wir unseren persönlichen Willen dem Willen Gottes hingeben, werden wir am allerglücklichsten.

Wenn etwas Gottes Wille ist, fühlen wir eine innere Freude oder Befriedigung schon bevor wir beginnen, es auszuführen. Während wir arbeiten, erfahren wir ebenfalls Freude. Und schließlich werden wir fühlen, dass wir gleichermaßen glücklich sein werden, ob unser Handeln nun Früchte tragen mag oder nicht. Normalerweise sind wir nur glücklich, wenn sich Erfolg einstellt und wir am Ende unserer Reise einen Sieg sehen. Doch wenn wir das gleiche Gefühl von Glücklichsein, Freude und Erfüllung haben können, ob wir nun erfolgreich sind oder nicht, und wenn wir das Ergebnis unseres Tuns freudig Gott darbringen können, dann werden wir wissen, dass wir gemäß Gottes Willen gehandelt haben.

Sei glücklich

Sei glücklich!

Du wirst zu Gottes größtem Segen, Seinem höchsten Stolz werden.

Sei glücklich!

Die Welt von gestern will, dass du ihren sich hingebenden Atem genießt. Die Welt von heute will, dass du ihren hingegebenen Atem genießt. Die Welt von morgen will, dass du ihren erfüllenden Atem genießt.

Sei glücklich!

Sei glücklich am Morgen mit dem, was du hast.
Sei glücklich am Abend mit dem, was du bist.

Sei glücklich!

Beklage dich nicht. Wer beklagt sich? Der blinde Bettler in dir. Wenn du dich beklagst, tanzt du im Schlamm der Unwissenheit. Wenn du dich nicht beklagst, liegen dir alle Bedingungen der Welt zu Füßen, und Gott gibt dir einen neuen Namen: inneres Streben. Inneres Streben ist der höchste Reichtum in der Welt des Lichts und der Wonne.

Sei glücklich!

Willst du nie arm sein? Dann sei glücklich.
Willst du immer groß sein? Dann sei glücklich.

Sei glücklich!

Du wirst erhalten, was du am liebsten hast.
Du wirst sein, was du am liebsten bist.

Sei glücklich!

Gott sieht in dir Seine strebende Schöpfung, seine verwandelnde Verwirklichung, Seine erleuchtende Enthüllung und Seine erfüllende Manifestation.

Sei glücklich!

Gott sieht in dir einen neuen Gott. Gott sieht dich als einen neuen Gott. Gott sieht dich und Sich als eins.

Auf den Schwingen der Freude

Wahre Freude bedeutet unmittelbare Ausdehnung. Wenn wir reine Freude erfahren, dehnt sich unser Herz sofort aus. Wir fühlen, dass wir im göttlichen Himmel der Freiheit fliegen. Die ganze Welt wird unser, nicht, damit wir über sie herrschen, sondern als eine Ausdehnung unseres Bewusstseins. Wir werden zu Wirklichkeit und Weite.

Wenn wir wahre Freude erfahren, können wir fühlen, dass Gott mit uns zufrieden ist, denn Gottes größte Errungenschaft ist unsere Freude. Wenn wir uns unglücklich, elend und deprimiert fühlen, beherbergen wir viele ungöttliche, negative Kräfte. Doch wenn wir wirklich glücklich sind, geben wir Gott etwas wirklich Wertvolles. Gottes tiefste Erfüllung besteht darin, dieses Geschenk von uns zu empfangen.

Was wir unsere Freude nennen, nennt Gott unsere Vollkommenheit. Jeder Mensch ist mit der Botschaft der Vollkommenheit auf die Erde gekommen. Jeder Mensch auf Erden wird eines Tages die höchste Wahrheit verwirklichen. Jeder Mensch ist dazu bestimmt, erfüllt zu werden. Das ist das Geburtsrecht unserer Seele.

Über den Autor

Sri Chinmoy ist ein verwirklichter spiritueller Meister, der sein Leben jenen Suchern gewidmet hat, die nach einem tieferen Sinn im Leben suchen. Durch seine Meditation, seine Musik, seine Kunst, seine Schriften und den Sport hat er Menschen in aller Welt gedient und sie inspiriert, ein Leben der Harmonie und der inneren Erfüllung zu führen.

Sri Chinmoy wurde 1931 im heutigen Bangladesh geboren und trat im Alter von zwölf Jahren in einen Ashram in Südindien ein. Dort widmete er sich über viele Jahre hinweg intensiv der Meditation und spiritueller Disziplin und begann, seine Erfahrungen in Gedichten, Essays und spirituellen Liedern zum Ausdruck zu bringen. Auch Sport und selbstloses Dienen waren wichtiger Bestandteil seines Ashramlebens.

Bereits in seiner frühen Jugend hatte er viele tiefe innere Erfahrungen und erreichte spirituelle Verwirklichung. Während der zwanzig Jahre seiner Ashramzeit vertiefte und vervollkommnete er seine Verwirklichung, bis er, einem inneren Ruf folgend, 1964 nach New York kam, um seinen inneren Reichtum mit aufrichtigen Suchern im Westen zu teilen.

Bis zu seinem Mahasamadhi am 11. Oktober 2007 im Alter von 76 Jahren wirkte Sri Chinmoy als spiritueller Leiter von mehr als 350 Meditationszentren rund um die Welt. Doch auch nachdem er den physischen Körper verlassen hat, ist seine innere Gegenwart und Führung weiterhin zu spüren, und seine Mission wird ganz in seinem Sinne weitergeführt.

Sri Chinmoy lehrt einen Weg des Herzens als einfachsten Weg, um schnellen spirituellen Fortschritt zu machen. Indem der Sucher auf sein Herz meditiert, kann er seinen eigenen Schatz des Friedens, der Freude, des Lichts und der Liebe entdecken. Die Rolle des spirituellen Meisters sieht Sri Chinmoy darin, dem Sucher innerlich zu helfen, die inneren Reichtümer, die sein Leben erleuchten können, zum Vorschein zu bringen. Ein Meister unterweist seine Schüler im inneren Leben und hebt ihr Bewusstsein nicht nur weit über ihre Erwartungen, sondern sogar weit über ihre Vorstellung hinaus. Im Gegenzug bittet er seine Schüler, regelmäßig zu meditieren und zu versuchen, die inneren Fähigkeiten zu vervollkommnen, die die Meditation in ihnen zum Vorschein bringt.

Sri Chinmoy lehrt, dass für einen Sucher Liebe der direkteste Weg ist, sich dem Supreme – Gott – zu nähern. Wenn ein Kind Liebe für seinen Vater spürt, ist es ihm nicht wichtig, wie großartig der Vater in den Augen der Welt ist. Das Kind spürt durch seine Liebe nur sein Einssein mit seinem Vater und seinen Besitztümern. Wenn wir uns dem Supreme so nähern, fühlen wir, dass der Supreme und Seine Ewigkeit, Unendlichkeit und Unsterblichkeit dem Sucher gehören. Die Philosophie der Liebe drückt nach Meinung Sri Chinmoys die tiefste Verbin-dung zwischen dem Menschen und Gott aus, die beide Aspekte des gleichen vereinten Bewusstseins sind. Im Spiel des Lebens erfüllt sich der Mensch im Supreme, indem er Gott in seinem eigenen höchsten Selbst verwirklicht.

Der Supreme offenbart Sich durch den Menschen, der Ihm als Instrument für die Transformation und Vervollkommnung der Welt dient. Nach alter indischer Tradition verlangte Sri Chinmoy für seine spirituelle Unterweisung nie Geld. Seine Konzerte und öffentlichen Meditationen waren stets kostenlos, und auch die Kurse und Konzerte seiner Schüler und der Sri Chinmoy Centers sind weiterhin frei. Seine einzige Gebühr, so sagte er, sei der aufrichtige *innere Ruf*, d.h. die innere Sehnsucht des Suchers. Auch heute noch fühlen seine Schüler, dass er sich innerlich um jeden Einzelnen kümmert und die Verantwortung für den inneren Fortschritt des Schülers übernimmt. Während seine Schüler zu seinen Lebzeiten oft Gelegenheit zum persönlichen Kontakt hatten, z.B. bei den internationalen Treffen, die zwei bis dreimal im Jahr in New York stattfanden oder wenn Sri Chinmoy ihre jeweiligen Städte und Länder besuchte, erfahren sie jetzt noch stärker, dass die innere Verbindung zwischen Meister und Schüler unabhängig von geographischen Entfernungen und körperlicher Präsenz ist.

Durch sein aktives, dynamisches Leben hat Sri Chinmoy gezeigt, dass Spiritualität keine Flucht vor der Welt bedeutet, sondern die Welt annimmt, um sie zu transformieren. So hat er über 1600 Bücher veröffentlicht, darunter Theaterstücke, Gedichte, Geschichten, Essays und Kommentare, sowie Fragen und Antworten zu den verschiedensten Aspekten der Spiritualität. Er hat mehrere Tausend Zeichnungen gemalt, die in zahlreichen Ausstellungen weltweit zu sehen waren und über 21.000 Lieder komponiert. Sri Chinmoy hat über 800 Meditationskonzerte in aller Welt gegeben, bei denen er in einem tiefen meditativen Bewusstsein eigene Kompositionen auf einer Vielzahl östlicher und westlicher Instrumente spielte.

Als begeisterter Sportler, der von der Bedeutung körperlicher Fitness im spirituellen Leben überzeugt war, hat Sri Chinmoy seine Schüler ermutigt, regelmäßig Sport zu treiben. Dank seiner Inspiration organisiert das internationale Sri Chinmoy Marathon Team jährlich mehrere hundert Sportveranstaltungen bis hin zu Ultramarathons, einschließlich dem längsten zertifizierten Straßenlauf der Welt (3100 Meilen / 4989 km). 1987 rief Sri Chinmoy einen internationalen Fackellauf für Freundschaft und Harmonie unter den Menschen ins Leben, seit 2003 „World Harmony Run" genannt, an dem sich bis heute Millionen von Menschen in 140 Ländern beteiligt haben.

Bücher - Musik - DVDs   www.goldenshore.de

Sri Chinmoy bietet für Sucher nach der letztendlichen Wahrheit, nach dem Sinn des Lebens, einen wahren Schatz an Wissen und Einsichten. In deutscher Sprache sind weit über 300 Werke Sri Chinmoys erhältlich. Nachstehend einige Empfehlungen unseres Verlages:

Meditation – Menschliche Vervollkommnung in göttlicher Erfüllung
Meditation, insbesondere die Meditation des Herzens, ist der Königsweg, um sich selbst zu entdecken und Gott zu erfahren. In diesem Buch findet ihr eine klare, praktische und umfassende Einführung in die Meditation von einem Meister, der aus der eigenen Erfahrung spricht. Mit vielen Übungen und Antworten auf die häufigsten Fragen von Anfängern wie Fortgeschrittenen. Ein Standardbuch für die Praxis der Meditation. ISBN 978-3-89532-005-7

Schwingen der Freude – Finde zu deiner inneren Freude und entdecke die Kraft deines Herzens. Ein sehr beliebtes Büchlein mit wertvollen Anregungen, wie wir Ängste und andere hemmenden Emotionen verwandeln können, um uns auf den Schwingen der Freude empor tragen zu lassen. Mit einer kurzen Einführung in die Meditation. ISBN 978-3-89532-032-2

Herzens-Weisheits-Funken, Set I, II III, IV sowie IV auch in engl. Sprache – 55 Aphorismen-Kärtchen in einer Geschenkbox. Inspirierende Aphorismen für jeden Tag zum Verschenken oder sich selbst schenken. Ziehe doch einfach jeden Tag eine Karte als Motto für den Tag – und der Tag hat schon ein ganz anderes Gesicht. Set I: ISBN 978-3-89532-102-3; Set II: ISBN 978-3-89532-145-0; Set III: ISBN 978-3-89532-118-4; Set IV: 987-3-89532-201-3, Set IV engl. ISBN 978-8-08658-156-9

Hinter dem Vorhang der Ewigkeit – Was geschieht, wenn unsere Seele den Körper verlassen hat? Sri Chinmoy beantwortet Fragen über das Sein jenseits des physischen Todes und erklärt, wie ein wahrer spiritueller Meister die Menschen weiterhin leiten kann, selbst wenn er bereits hinter den Vorhang der Ewigkeit getreten ist. ISBN 978-3-89532-048-4

Wenn Sie mehr über Sri Chinmoy, seine Bücher und seine Musik erfahren möchten oder an kostenlosen Konzerten und Meditationskursen in Ihrer Nähe interessiert sind, wenden Sie sich bitte an den Verlag The Golden Shore oder unsere Auslieferungsstätten in Österreich und in der Schweiz. Wir senden Ihnen gerne weitere Informationen zu.

The Golden Shore Verlagsges.mbH
D-90429 Nürnberg, Austraße 74
Tel. (0911) 28 88 65
Fax (0911) 28 84 12
www.goldenshore.de

The Golden Shore
CH-5454 Bellikon, Langächerstr. 3
Tel. (056) 496 2840
Fax (056) 496 0154

The Golden Shore
V. Brigitte Fischerlehner
A-4600 Linz, Beethovenstr. 27
Tel. 0699-100 93 092
Fax (0732) 717 314
www.meditationwhatelse.at

Deutschland · Österreich · Schweiz

Weitere Informationen über das Leben und Wirken Sri Chinmoys, Aufzeichnungen seiner Musik, Filme über seine Aktivitäten und Meditationen, Aktivitäten der Sri Chinmoy Centres und vieles mehr finden Sie unter:

www.srichinmoy.org/deutsch
www.srichinmoyantwortet.com
de.srichinmoycentre.org
www.srichinmoy.tv
www.srichinmoyradio.org